LE GUIDE MARABOUT DES

gâteaux naturels

LE GUIDE MARABOUT DES

gâteaux naturels

Giovanna Torrico
Photographies de Lisa Linder

MODES D'EMPLOI • PAS À PAS • 120 RECETTES

Sommaire

Introduction....................6
Alternatives au sucre....................16
Alternatives au lait....................64
Alternatives à la farine....................110
Alternatives aux œufs....................160
Décorer ses gâteaux....................194
Index....................222

Introduction

De plus en plus de gens adoptent une alimentation saine et équilibrée. Les bénéfices que nous retirons à cuisiner chez nous, avec des produits bruts, sont de plus en plus reconnus, de même que l'impact de ce que nous mangeons sur notre corps, notre esprit et notre bien-être. Les consciences s'éveillent à la nécessité de manger des produits naturels, complets, non transformés.

LA PÂTISSERIE AU NATUREL

On entend parler d'ingrédients nouveaux et de cette cuisine moderne qui fait la part belle aux légumes, légumineuses et céréales complètes. Et maintenant, cette révolution culinaire s'étend aux desserts. Le but de ce livre est de montrer qu'il est possible de conserver une alimentation saine et équilibrée, même dans un domaine où le sucre règne : la pâtisserie. L'idée est de privilégier des ingrédients non raffinés, complets, bio, de saison et produits localement. Le sucre n'a pas été banni de ces recettes car les gâteaux proposés contiennent des fruits, des légumes et autres sucrants, mais le principe est de n'utiliser que des ingrédients naturellement sucrés : la purée de pommes, la banane écrasée ou des sucres non raffinés comme le sucre de coco.

DES ALTERNATIVES AUX PRODUITS RAFFINÉS

Faire de la pâtisserie sans les ingrédients traditionnels comme le sucre blanc ou la farine de blé peut sembler impossible, mais l'exercice n'est pas aussi difficile qu'il n'y paraît ! La solution consiste à ajouter aux ingrédients utilisés en pâtisserie classique d'autres ingrédients particuliers, que l'on trouve désormais dans tous les supermarchés et magasins bio. Vous apprendrez ainsi comment préparer, à partir de ces produits alternatifs, des gâteaux qui conviendront à celles et ceux qui désirent se tourner vers une alimentation plus naturelle, à base d'ingrédients pauvres en sucres et ayant conservé toutes leurs propriétés nutritionnelles, mais aussi aux personnes souffrant d'intolérances ou d'allergies alimentaires.

QUEL EST L'INTÉRÊT DE CE LIVRE ?

Certaines personnes souffrent d'une hypersensibilité à certains aliments, traduite par des désagréments physiques, voire par des réactions que l'on appelle « allergies alimentaires ». Lorsque le système immunitaire n'est pas sollicité, ces réactions prennent le nom d'« intolérance alimentaire ». Dans les pays développés, on estime à plus de 20 % la part de la population concernée par ces allergies. Cette donnée doit être prise en compte dans la façon dont nous cuisinons. Chaque chapitre de ce livre est dédié à un type d'ingrédient – produit laitier, sucre, farine, œuf – afin de proposer des alternatives pour réaliser des gâteaux naturels. Une courte présentation permettra de comprendre la fonction de chacun de ces ingrédients, d'apprendre quels sont les produits alternatifs possibles et comment les utiliser. Même si la transition des sucres raffinés aux ingrédients naturels pourra au départ vous dérouter, en quelques semaines, votre palais aura acquis une nouvelle sensibilité et vous saurez mieux apprécier et reconnaître les saveurs et arômes naturels. Les sucrants naturels ont bien des avantages en pâtisserie : les dattes donneront un parfum exceptionnel à vos gâteaux, le sirop d'érable ou la purée de pommes apporteront du moelleux.

LES BASES

- Avant de vous lancer, lisez la recette et assurez-vous que vous disposez de tous le matériel et les ingrédients nécessaires.
- Disposez tous les ingrédients sur le plan de travail, effectuez les pesées à l'aide d'une balance électronique ; si vous apportez des changements, n'oubliez pas de les noter.
- Le préchauffage du four permet à la pâte d'atteindre la bonne température pour que s'opèrent des réactions physiques pendant la cuisson. La température et le temps de cuisson peuvent varier d'un four à l'autre : lors de la première réalisation d'une recette, surveillez la cuisson de près.
- Respectez la taille des moules indiquée dans la recette afin que la pâte s'étale et cuise uniformément.
- Mesurez toujours l'huile de coco sous sa forme liquide.
- Mélangez le beurre pommade et le sucre jusqu'à l'obtention d'une consistance crémeuse avant de passer à l'étape suivante de la recette.
- Chemisez les moules selon les indications des pages 14-15. Laissez les gâteaux refroidir complètement sur une grille avant d'étaler le glaçage.

Les bons ingrédients

Achetez local et de saison. Évitez les pesticides, encore largement utilisés dans l'agriculture, en privilégiant les produits bio, bons pour vous et pour l'environnement.

ALTERNATIVES AU SUCRE

- Sucre de fleur de palmier
- Sucre de coco
- Sirop d'érable
- Miel
- Purée de pommes
- Banane écrasée
- Pâte de dattes
- Érythritol

ALTERNATIVES AUX PRODUITS LAITIERS

- Boisson à la noix de cajou
- Lait d'amande
- Lait de coco
- Boisson à l'avoine
- Boisson au riz
- Boisson au quinoa
- Purées d'oléagineux
- Beurre de coco
- Huile de coco
- Huile végétale
- Brassé au lait de coco

ALTERNATIVES À LA FARINE

- Farine de quinoa
- Farine de millet
- Farine d'avoine
- Farine de sorgho
- Farine de riz blanc
- Farine d'amande
- Farine de riz complet
- Farine de sarrasin
- Farine de coco
- Farine de teff
- Polenta

ALTERNATIVES AUX ŒUFS

- Purée de pommes
- Banane écrasée
- Graines de lin
- Graines de chia
- Arrow-rot
- Fécule de pomme de terre
- Bicarbonate de soude
- Vinaigre
- Gélatine végétale

BIEN ACHETER, BIEN CONSERVER

- Achetez des ingrédients de saison et congelez-les afin de les conserver plus longtemps. Étiquetez les contenants.
- Privilégiez les contenants en verre : bocaux, pots de confiture, bouteilles et boîtes.
- Conservez tous les ingrédients secs dans des récipients hermétiques, dans un endroit frais et sec, à l'abri de la lumière. Notez la date de péremption. Gardez les liquides dans leurs bouteilles.
- Conservez les épices, gousses de vanille et liquides dans un endroit frais et sec.
- Achetez en vrac les céréales, sucrants, fruits à coque, graines et fruits secs.

LES INGRÉDIENTS À ÉVITER

- Sucres artificiels et raffinés
- Huiles végétales premier prix
- Huile de palme
- Sirop de maïs et sucres simples
- Agave
- Œufs de batterie
- Farines raffinées
- Sirop d'érable aromatisé (à distinguer du sirop d'érable pur)
- Miel premier prix (souvent mélangé à du sirop de glucose pour réduire le coût de production)
- Lait d'amande contenant moins de 7 à 15 % d'amande
- Essence de vanille (arôme artificiel)

Pour donner plus de goût

Certains fruits et légumes, épices et fruits à coque permettent d'intensifier le goût des pâtisseries. Pour des gâteaux aux arômes subtils, composés d'ingrédients ayant conservé toutes leurs propriétés nutritionnelles, et sans sucre raffiné ajouté.

FRUITS À COQUE

Riches en protéines et bonnes graisses.

ÉPICES

La cannelle et la cardamome sont les plus utilisées en pâtisserie.

VANILLE

Privilégiez l'extrait de vanille non sucré et les gousses.

CACAO

Contient des antioxydants, du fer, du calcium et du magnésium.

AGRUMES

Les zestes d'agrumes, gorgés d'huiles, parfument les recettes.

BETTERAVE

Source de fibres, fer, manganèse, potassium, vitamines B9 et C.

AVOCAT

Contient des graisses bonnes pour le cœur et de nombreuses vitamines.

EAUX FLORALES

Ajoutez quelques gouttes aux ingrédients liquides de vos recettes.

Colorants naturels

Sous forme de poudre, ces colorants sont produits à partir de baies ou de légumes séchés, congelés puis broyés. Leurs couleurs seront légèrement moins vives que celles des colorants artificiels, mais ils sont plus sains, sans aucun additif.

ROUGE
Poudre de betterave : procédez par petites quantités, ajoute du goût.

ROSE
Jus de framboise pur : adaptez la quantité des liquides de la recette.

ORANGE
Paprika : procédez par petites quantités, car ajoute du goût.

VERT
Matcha (poudre de thé vert) : riche en antioxydants et en fibres.

VIOLET
Jus de raisin : adaptez la quantité des liquides de la recette.

JAUNE
Curcuma : procédez par petites quantités, car ajoute du goût.

MARRON
Cannelle : procédez par petites quantités, car ajoute du goût.

NOIR
Poudre de charbon actif : couleur anthracite, sans ajouter de goût.

Le matériel

Avant de vous lancer, assurez-vous de disposer de tout le matériel nécessaire. Voici un petit résumé des ustensiles indispensables à la préparation de vos gâteaux.

01. VERRE DOSEUR ET BOLS PÂTISSIERS
En verre, métal ou céramique.

02. RÂPE À ZESTER
Pour râper le zeste des agrumes, ou pour obtenir de fins copeaux de chocolat.

03. FOUETS
Un petit fouet manuel et un fouet ballon, deux ustensiles qui facilitent vos préparations.

04. CUILLÈRES-MESURES ET BALANCE
Leur usage permet un maximum de précision.

05. ÉCONOME
Pour peler les fruits ou réaliser des copeaux de chocolat.

06. SPATULES, COUTEAUX ET CISEAUX
Indispensables en cuisine.

07. PAPIER CUISSON
Pour chemiser les moules ou tapisser les plaques à pâtisserie.

08. GRILLE
Pour laisser refroidir les gâteaux.

09. MOULES
Moule à manqué, à fond amovible, à muffins, à savarin, plaque à minisavarins, moule à cake, plaque en silicone avec empreintes ovales...

10. TAMIS
Pour passer ou séparer les éléments d'un mélange.

11. CAISSETTES EN PAPIER
Les caissettes à cupcakes sont faciles et pratiques à utiliser.

DIVERS :

Sac à lait végétal – Pour filtrer les boissons végétales.

Blender – Pour réduire en poudre les fruits à coque, réaliser une crème ou une purée, de dattes par exemple.

Batteur électrique – Pour mélanger une pâte ou un glaçage sans effort.

01.
02.
03.
04.
05.
06.
07.
08.
09.
10.
11.
INOX
MADE IN ITALY

CHEMISER UN MOULE ROND

ASTUCE

Chemiser un moule dans les règles de l'art ne prend que quelques instants. Ne faites pas l'impasse sur cette étape qui, une fois vos ciseaux en main, ne vous demandera qu'un tout petit effort.

Pour 1 moule rond

PRÉPA
10 min

1 moule rond de n'importe quelle taille

1 feuille de papier cuisson plus grande que le moule

01 Posez le moule sur la feuille de papier cuisson et tracez son contour à l'aide d'un crayon. Découpez le disque aux ciseaux.

02 Découpez une bande de papier de la longueur du pourtour du moule et de la largeur du bord, en ajoutant 1 cm. Repliez ce centimètre sur tout le long de la bande.

03 Découpez aux ciseaux des fentes en biais tout le long de la partie repliée de la bande, en espaçant les incisions de 2,5 cm. Beurrez l'intérieur du moule.

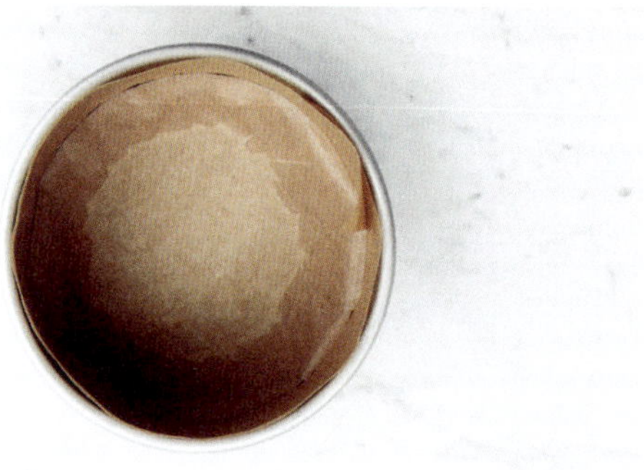

04 Chemisez le moule en plaçant d'abord la bande de papier sur le bord intérieur de manière à appliquer le rebord découpé sur le fond. Déposez le disque de papier.

CHEMISER UN MOULE À CAKE

ASTUCE

Chemiser le moule est le meilleur moyen de gagner du temps et de vous simplifier la tâche lorsque vous préparez un cake. Pour le démouler, il vous suffira de soulever le papier.

Pour 1 moule à cake

PRÉPA
10 min

1 moule à cake de n'importe quelle taille

1 feuille de papier cuisson plus grande que le moule

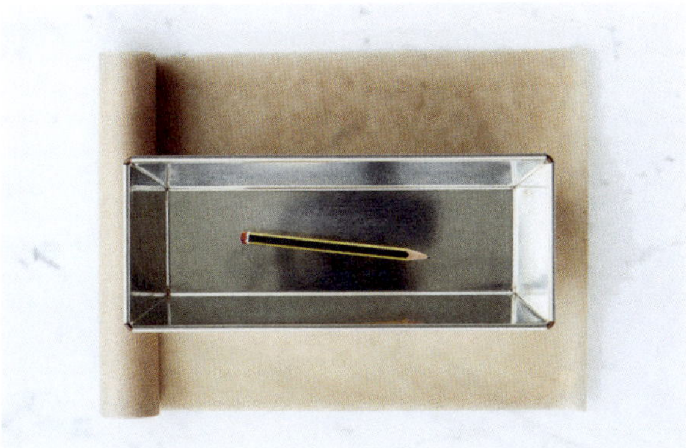

01 Posez le moule sur la feuille de papier cuisson et rabattez la feuille à gauche, à droite, en haut et en bas, en suivant le contour du moule.

02 Tracez au crayon le contour du moule, et servez-vous de ces lignes pour marquer les plis.

03 Donnez un coup de ciseaux en diagonale à chaque coin de la feuille, afin de découper 4 triangles. Placez le papier dans le moule et repliez les bords vers l'intérieur.

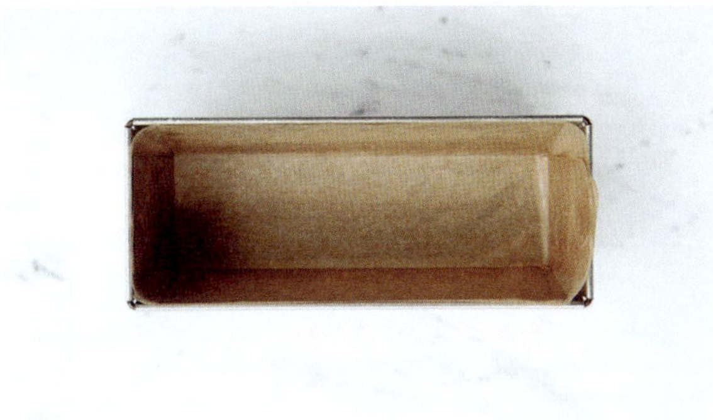

04 Une fois le papier bien ajusté, retirez-le, puis beurrez l'intérieur du moule et repositionnez le papier. C'est une technique parfaite pour chemiser le moule sans trou.

ALTERNATIVES AU SUCRE

Le sucre en pâtisserie

Le sucre apporte de la douceur, parfume, agit sur la consistance, la délicatesse de la pâte, colore la croûte, permet une meilleure conservation des gâteaux, nourrit la levure et fonctionne comme agent levant, combiné aux corps gras et aux œufs.

Les sucrants naturels

Il existe différentes alternatives au sucre blanc. Très peu raffinés, ces produits sont par conséquent très proches de leur état brut, et n'ont rien perdu de leurs nutriments – vitamines, minéraux, fibres.

Sucre en poudre — 400 kcal

Pour 100 g

- IG 68
- 0 g de protéines
- 0 g de fibres
- source de 0 micronutriment

Sucre de fleur de palmier — 386 kcal

Pour 100 g

- IG 40
- 0 g de protéines
- 0 g de fibres
- source de 3 micronutriments

Sucre de coco — 375 kcal

Pour 100 g

- IG 30
- 0 g de protéines
- 0 g de fibres
- source de 6 micronutriments

Purée de pommes — 95 kcal
Pour 100 g

- IG 38
- 0,8 g de protéines
- 4,4 g de fibres
- source de 8 micronutriments

Banane écrasée — 105 kcal
Pour 100 g

- IG 10
- 1,3 g de protéines
- 3,5 g de fibres
- source de 4 micronutriments

Pâte de dattes — 285 kcal
(page 20)
Pour 100 g

- IG 55
- 1,81 g de protéines
- 6,7 g de fibres
- source de 10 micronutriments

Sirop d'érable — 260 kcal
Pour 100 g

- IG 54
- 0 g de protéines
- 0 g de fibres
- source de 5 micronutriments

Miel — 304 kcal
Pour 100 g

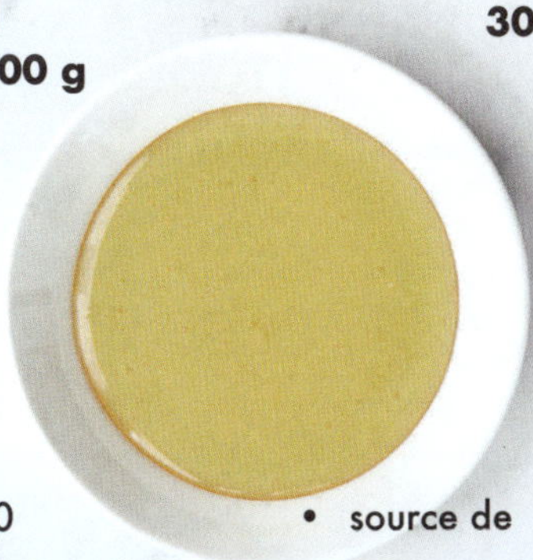

- IG 50
- 0 g de protéines
- 0 g de fibres
- source de 3 micronutriments

Érythritol — 375 kcal
Pour 100 g

- IG 0
- 0 g de protéines
- 0 g de fibres
- source de 0 micronutriments

Par quoi remplacer

sucre raffiné	=	produit sucrant alternatif	de quoi s'agit-il ?

sucre de fleur de palmier

100 g de sucre blanc	=	50 g de sucre de palmier	Le sucre de palmier est un sucre issu de la sève des fleurs du palmier de Palmyre, qui pousse principalement en Inde et au Sri Lanka. Bio et équitable, ce sucrant de couleur sable possède des notes de caramel, pleines de chaleur. Utilisé depuis des millénaires en ayurvéda, son IG de 40 et ses 3 % seulement de fructose en font un produit dont l'impact sur le cholestérol est limité. Bonne source de nutriments, il contient des vitamines B12, B6 et B1.

sucre de coco

100 g de sucre blanc	=	100 g de sucre de coco	Le sucre de coco est un sucre issu de la sève des fleurs du cocotier, bouillie puis déshydratée. Son goût, qui dénote des arômes suaves et profonds de caramel, n'est pas celui de la noix de coco. Choisissez-le bio. Ce sucre naturel contient des nutriments, parmi lesquels des fibres, du fer, du zinc, du magnésium, du calcium, du potassium et des antioxydants.

purée de pommes

100 g de sucre blanc	=	100 g de purée de pommes non sucrée	Sucrer les gâteaux avec des fruits frais ou séchés est une bonne alternative au sucre blanc. Vous ajouterez la saveur naturelle du fruit utilisé, ainsi que toutes les vitamines, minéraux, fibres et phytonutriments qu'il contient. La purée de pommes réduit la densité énergétique des gâteaux, tout en y ajoutant des fibres. Le résultat obtenu sera moelleux, friable et doux.

banane écrasée

100 g de sucre blanc	=	50 g de banane écrasée	La banane est un fruit énergétique, rempli de glucides et de précieux micronutriments. Écrasée, elle apporte du moelleux aux gâteaux. Pensez à ajuster les proportions des autres ingrédients en conséquence.

le sucre raffiné ?

sucre raffiné	=	produit sucrant alternatif	de quoi s'agit-il ?

pâte de dattes

100 g de sucre blanc	=	½ recette de pâte de dattes (page 20)	Fabriquée à partir de dattes fraîches, la pâte de dattes est un produit naturel très calorique, qui augmentera la valeur nutritionnelle de vos gâteaux. Les dattes sont connues comme remède contre la constipation, grâce aux fibres solubles et au magnésium qu'elles contiennent ; elles sont une source végétale de fer et de vitamine C.

sirop d'érable

100 g de sucre blanc	=	75 ml de sirop d'érable	Obtenu après ébullition de la sève des érables du Canada, ce sirop possède des arômes de caramel ; sa couleur varie selon les productions. Évitez le sirop d'érable aromatisé : il ne s'agit pas de sirop pur. Le sirop d'érable naturel contient des minéraux comme le calcium et le potassium, le fer, le zinc, le manganèse, et au moins 24 antioxydants différents.

miel

100 g de sucre blanc	=	75 ml de miel	Précieux nectar récolté par les abeilles pour nourrir leur ruche, le miel se décline de bien des façons, en fonction des fleurs butinées par les abeilles. Achetez, si possible, du miel local, et méfiez-vous des produits premier prix, souvent mélangés avec du glucose pour réduire les coûts de production.

érythritol

100 g de sucre blanc	=	100 g d'érythritol	L'érythritol appartient à la classe des alcools de sucre. La plupart d'entre eux sont présents en petite quantité dans la nature, principalement dans les fruits et les légumes. Sa structure moléculaire en fait un stimulant pour les récepteurs gustatifs de la langue, qui perçoivent une saveur sucrée.

PÂTE DE DATTES

ASTUCE sans lactose, sans gluten, sans œufs

Les dattes possèdent un fort pouvoir sucrant. Elles contiennent des minéraux comme le sélénium, le magnésium, le manganèse et le cuivre, qui favorisent la santé osseuse et préviennent l'ostéoporose.

Pour 450 g

PRÉPA 10 min
+ 4 h de trempage

450 g de dattes medjool, dénoyautées
125 ml d'eau

01 Faites tremper les dattes dans l'eau pendant 4 heures.

02 Versez les dattes avec leur eau de trempage dans le bol hachoir d'un robot. Mixez pendant 4 minutes.

03 Raclez les parois afin de vous assurer qu'il ne reste aucun gros morceau, puis mixez encore 4 minutes jusqu'à l'obtention d'une pâte lisse et crémeuse.

04 Transférez la pâte obtenue dans un pot en verre. Elle se conserve 3 mois au réfrigérateur.

GOUSSE DE VANILLE

ASTUCE

sans lactose, sans gluten, sans œufs

Pour préparer une pâte de vanille, mélangez 1 cuillerée à café d'eau chaude aux graines de 1 gousse de vanille. 1 gousse de vanille équivaut à 3 cuillerées à café d'extrait de vanille.

Pour 5 g

PRÉPA 1 min

1 gousse de vanille

01 Posez la gousse de vanille sur une planche à découper et aplatissez-la avec le dos d'un couteau.

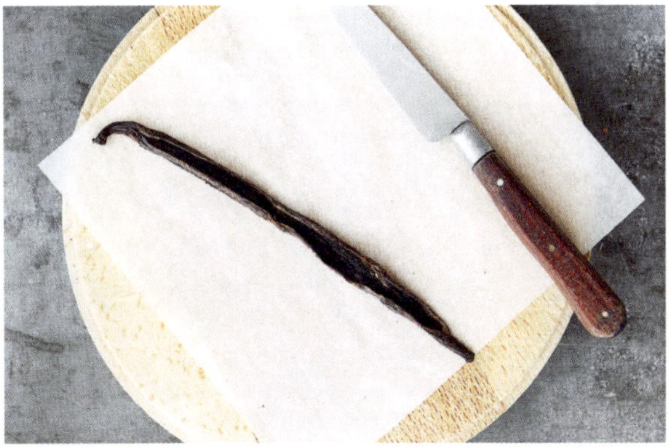

02 Sans aller jusqu'aux extrémités, fendez la gousse dans la longueur, puis ouvrez-la en deux.

03 Tout en maintenant la lame du couteau contre votre pouce, raclez les graines à l'intérieur de chaque moitié.

04 Mélangez directement les graines aux ingrédients de la recette.

PRÉPA / CUISSON

10 min / 30 min

ASTUCE

Les notes subtiles de caramel apportées par le sucre de coco conjuguées aux qualités nutritionnelles exceptionnelles du quinoa en font un gâteau parfait pour accompagner un thé.

Moelleux au chocolat

Pour 10 à 12 parts

200 g de beurre
+ pour le moule
150 g de chocolat noir
4 œufs légèrement battus
1 c. à s. de café
1 c. à c. d'extrait de vanille
60 g de yaourt nature
80 g de lait de coco
70 g de farine de quinoa
100 g de farine d'épeautre
30 g de farine de riz
20 g de cacao cru en poudre
100 g de sucre de coco
2 ½ c. à c. de poudre à lever
½ c. à c. de sel

Préchauffez le four à 160 °C. Beurrez et chemisez de papier cuisson un moule à manqué de 23 cm de diamètre. Dans un bol résistant à la chaleur, faites fondre le beurre et le chocolat au bain-marie ; assurez-vous que le fond du bol n'entre pas en contact avec l'eau. Ajoutez les œufs, le café, la vanille, le yaourt, le lait de coco, et mélangez. Passez tous les ingrédients secs au tamis puis incorporez à la préparation.

Versez la pâte dans le moule et enfournez 30 minutes. Plantez la lame d'un couteau au centre du gâteau : elle doit ressortir propre. Laissez refroidir complètement avant de servir.

Ce moelleux se conserve 2 à 4 jours dans une boîte hermétique, au réfrigérateur. Laissez-le revenir à température ambiante avant de servir.

PRÉPA / CUISSON

20 min / 35 min

ASTUCE

Un gâteau à la belle couleur brun doré, aux subtiles notes noisetées d'épeautre. Cette recette propose un glaçage classique à base de cream cheese, que vous pouvez remplacer par un glaçage au cajou (page 202).

Carrot cake

Pour 10 parts

250 ml d'huile végétale + pour le moule
4 gros œufs
100 g de sucre de coco
200 g de carottes grossièrement râpées
150 g de farine d'épeautre
150 g de farine d'amande
2 c. à c. de poudre à lever
1 c. à c. de quatre-épices
1 c. à c. de gingembre moulu
75 g de noix hachées, pour décorer

Glaçage

50 g de beurre à température ambiante
25 g de miel d'acacia
250 g de cream cheese
1 c. à c. d'extrait de vanille
Le zeste râpé et le jus de 1 orange

Préchauffez le four à 180 °C. Huilez et chemisez de papier cuisson un moule de 20 cm de diamètre. Dans un grand bol, mélangez au fouet l'huile, les œufs et le sucre de coco. Incorporez les carottes râpées et le reste des ingrédients, à l'exception des noix. Mélangez jusqu'à l'obtention d'une pâte homogène.

Versez la pâte dans le moule et enfournez 35 minutes. Le gâteau doit être gonflé. Laissez-le reposer 5 minutes puis démoulez-le sur une grille. Laissez refroidir complètement.

Fouettez tous les ingrédients du glaçage dans un bol afin d'obtenir une crème lisse. Recouvrez le dessus du gâteau d'une couche régulière de glaçage, puis décorez avec des morceaux de noix.

Sans le glaçage, ce carrot cake se conserve 3 jours au réfrigérateur.

PRÉPA / CUISSON

10 min / 15 min

ASTUCE

sans gluten

Un classique british qui allie les couches de génoise légère à une crème soyeuse et des fraises juteuses.

Victoria sponge cake

Pour 8 parts

175 g de beurre ramolli + pour le moule
110 g de sucre de coco
1 gousse de vanille
3 œufs légèrement battus
90 g de farine de riz
45 g de fécule de maïs
45 g d'arrow-rot
2 c. à c. de poudre à lever sans gluten
1 c. à s. de sucre glace d'érythritol

Garniture

250 ml de crème liquide
1 c. à s. de sucre glace d'érythritol
250 g de fraises équeutées et coupées en quarts

Préchauffez le four à 180 °C. Beurrez et chemisez de papier cuisson 2 moules à manqué de 18 cm de diamètre. Placez tous les ingrédients du gâteau dans un bol et fouettez jusqu'à l'obtention d'une pâte homogène. Répartissez la pâte de manière égale entre les 2 moules et enfournez 15 minutes. Plantez la lame d'un couteau au centre du gâteau : elle doit ressortir propre. Laissez reposer 5 minutes puis démoulez sur une grille.

Montez la crème liquide et l'érythritol en bec d'oiseau. Étalez la crème sur l'un des gâteaux complètement refroidi, disposez les fraises, puis recouvrez avec le second gâteau. Saupoudrez de sucre glace.

Ce gâteau se conserve 1 à 2 jours au réfrigérateur, dans une boîte hermétique. Laissez-le revenir à température ambiante avant de servir.

PRÉPA / CUISSON

15 min / 50 min

ASTUCE

sans lactose, sans gluten

Un grand classique revisité. Le citron apporte une pointe d'acidité et de fraîcheur, et les pistaches finement concassées donnent une jolie touche verte.

Cake au citron, pistaches & miel

Pour 8 à 10 parts
75 ml d'huile de tournesol + pour le moule
150 g de farine de riz
2 c. à c. de poudre à lever sans gluten
½ c. à s. de sel
3 œufs, blancs et jaunes séparés
150 g de miel
Le zeste et le jus de 2 citrons
75 ml de brassé au lait de coco
1 c. à s. de miel
1 c. à s. de pistaches concassées, pour décorer

Préchauffez le four à 175 °C. Huilez un moule à cake et chemisez-le de papier cuisson. Tamisez la farine, la poudre à lever et le sel. Montez les blancs en neige ferme. Dans un autre bol, mélangez au fouet les jaunes d'œufs, le miel, l'huile de tournesol, le jus et le zeste de citron. Ajoutez le brassé au lait de coco, puis la farine en 3 fois, en remuant vigoureusement. Incorporez délicatement les blancs en neige. Mélangez jusqu'à l'obtention d'une pâte homogène.

À l'aide d'une cuillère, déposez la pâte dans le moule et enfournez 50 minutes. Plantez la lame d'un couteau au centre du cake : elle doit ressortir propre. Laissez le cake reposer 10 minutes dans le moule puis démoulez-le sur une grille. Badigeonnez le dessus de miel et décorez de pistaches concassées.

Ce cake se conserve 2 à 4 jours au réfrigérateur, dans une boîte hermétique. Laissez-le revenir à température ambiante avant de servir.

PRÉPA / CUISSON

10 min / 20 min

ASTUCE

Un classique, préparé avec des légumes-racines pleins de vitamines qui apportent à ce gâteau sa consistance humide et sa couleur rouge naturelle.

Red velvet cake

Pour 10 parts
250 ml d'huile de tournesol + pour le moule
250 g de betterave râpée
150 g de farine d'épeautre
100 g de farine de riz
50 g de fécule de maïs
4 c. à c. de poudre à lever
2 c. à c. de poudre de betterave
1 c. à s. de cacao cru en poudre
175 ml de lait
85 ml de yaourt nature
4 c. à s. de café
2 œufs légèrement battus
100 g de sucre de palmier
2 c. à c. d'extrait de vanille
1 c. à c. de vinaigre balsamique

Glaçage
300 g de cream cheese
2 c. à s. de miel
3 c. à c. d'extrait de vanille
225 ml de crème liquide

Préchauffez le four à 180 °C. Huilez et chemisez de papier cuisson 2 moules à manqué de 20 cm de diamètre. Mélangez la betterave râpée, les farines, la fécule, la poudre à lever, la poudre de betterave et le cacao. Dans un autre bol, battez le reste des ingrédients puis incorporez le mélange à base de betterave. Répartissez la pâte dans les 2 moules et enfournez 20 minutes. Plantez la lame d'un couteau au centre du gâteau : elle doit ressortir propre. Laissez reposer 5 minutes dans les moules, puis démoulez les gâteaux sur une grille.

Pour le glaçage, fouettez le cream cheese avec le miel et la vanille. Montez la crème en bec d'oiseau, puis incorporez-la au cream cheese. Étalez la moitié du glaçage sur le premier gâteau, placez le second par-dessus, puis recouvrez-le, ainsi que les bords, avec le glaçage restant. Placez le gâteau au réfrigérateur jusqu'au moment de servir.

Ce velvet cake se conserve 1 à 2 jours au réfrigérateur, dans une boîte hermétique. Laissez-le revenir à température ambiante avant de servir.

PRÉPA / CUISSON

15 min / 30 min

ASTUCE

Préparez ce gâteau avec tous les fruits de saison possibles : abricots, prunes ou ananas. Les fruits apporteront naturellement du sucre au gâteau.

Gâteau renversé aux nectarines

Pour 10 parts

75 g d'abricots secs moelleux
150 g de beurre ramolli + pour le moule
75 g de sucre de fleur de palmier
100 g de fécule de maïs
50 g de farine d'épeautre
50 g de farine d'amande
1 c. à c. de poudre à lever
2 c. à c. d'extrait de vanille
3 œufs

Garniture

35 g de sucre de fleur de palmier
70 g de beurre ramolli
4 nectarines coupées en quartiers

Placez les abricots secs dans un bol, recouvrez-les d'eau bouillante et laissez-les tremper 15 minutes. Préchauffez le four à 180 °C. Beurrez et chemisez de papier cuisson un moule à manqué de 20 cm de diamètre.

Pour la garniture, fouettez le beurre ramolli et le sucre de fleur de palmier jusqu'à l'obtention d'un mélange léger et crémeux. Étalez la crème obtenue dans le fond du moule, puis disposez dessus les quartiers de nectarine.

Égouttez les abricots, puis mixez-les dans le bol hachoir d'un robot jusqu'à l'obtention d'une pâte lisse. Mélangez la pâte d'abricots avec tous les ingrédients restants à l'aide d'un fouet. Versez la pâte dans le moule, sur les nectarines, et enfournez 30 minutes. Plantez la lame d'un couteau au centre du gâteau : elle doit ressortir propre. Laissez reposer le gâteau 5 minutes dans le moule puis démoulez-le sur un plat de service.

Ce gâteau se conserve 1 à 2 jours au réfrigérateur, dans une boîte hermétique. Laissez-le revenir à température ambiante avant de servir.

PRÉPA / CUISSON

10 min / 40 min

ASTUCE

Un gâteau particulièrement riche, auquel la betterave apporte du moelleux.

Bundt cake à la betterave

Pour 10 à 12 parts
250 ml d'huile de tournesol + pour le moule
1 c. à s. de cacao cru en poudre + pour le moule
5 œufs
150 ml de sirop d'érable
Les graines de 1 gousse de vanille (page 21)
200 g de poudre d'amandes
175 g de farine d'épeautre
2 c. à s. de poudre à lever
½ c. à c. de sel
150 ml de lait
100 g de betterave cuite, râpée
Sauce cacao (page 220)

Préchauffez le four à 180 °C. Huilez un moule à bundt cake et saupoudrez l'intérieur de cacao. Dans un bol, fouettez les œufs, le sirop d'érable et les graines de vanille pendant 3 minutes, puis ajoutez l'huile petit à petit. Mélangez tous les ingrédients secs puis incorporez-les progressivement aux œufs, en alternant avec le lait. Ajoutez la betterave et mélangez.

Versez la pâte dans le moule et enfournez 40 minutes. Plantez la lame d'un couteau au centre du gâteau : elle doit ressortir propre. Laissez le gâteau reposer 10 minutes dans le moule, puis démoulez-le sur une grille. Arrosez-le de sauce cacao avant de servir.

Ce bundt cake se conserve 2 à 4 jours au réfrigérateur, dans un récipient hermétique. Laissez-le revenir à température ambiante avant de servir.

PRÉPA / CUISSON

10 min / 30 min

ASTUCE

sans lactose, sans gluten

À servir chaud, accompagné d'une boule de glace.

Gâteau aux amandes

Pour 10 à 12 parts
Huile pour le moule
4 œufs à température ambiante, blancs et jaunes séparés
50 g de sucre de fleur de palmier
1 c. à c. d'extrait de vanille
150 g de poudre d'amandes
50 g de farine de riz
30 g d'amandes effilées
1 c. à s. de miel

Préchauffez le four à 175 °C. Huilez et chemisez de papier cuisson un moule à manqué de 23 cm de diamètre. Dans un bol, mélangez au fouet les jaunes d'œufs, le sucre de fleur de palmier et la vanille jusqu'à l'obtention d'une crème bien aérée. Incorporez la poudre d'amandes et la farine de riz. Dans un autre bol, montez les blancs d'œufs en neige ; battez-les environ 2 minutes. Incorporez en 3 fois, délicatement, les blancs en neige à la crème d'amande. Veillez à ne pas mélanger trop longtemps.

Versez la pâte dans le moule et parsemez le dessus d'amandes effilées. Enfournez 30 minutes. Laissez le gâteau reposer 15 minutes dans le moule puis démoulez-le sur une grille. Une fois à température ambiante, arrosez-le de miel et servez.

Ce gâteau se conserve 2 à 4 jours au réfrigérateur, dans un récipient hermétique. Laissez-le revenir à température ambiante avant de servir.

PRÉPA / CUISSON

10 min / 45 min

ASTUCE

sans gluten

Le goût légèrement amer de la farine de quinoa est atténué par la douceur de la pâte de dattes et de la banane écrasée. Ce gâteau est vraiment délicieux.

Gâteau au chocolat, banane & sirop d'érable

Pour 10 à 12 parts

250 g de beurre fondu
100 g de farine de quinoa
100 g de farine de riz complète
100 g de fécule de maïs
30 g de fécule de pomme de terre
50 g de cacao en poudre
1 c. à c. de bicarbonate de soude
120 g de sucre de coco
80 g de pâte de dattes (page 20)
80 ml de sirop d'érable
4 œufs
3 bananes écrasées
150 ml de lait
2 c. à c. d'extrait de vanille

Ganache chocolat

240 g de crème fraîche
250 g de chocolat noir

Préchauffez le four à 180 °C. Beurrez et chemisez de papier cuisson une moule à charnière de 24 cm de diamètre. Fouettez tous les ingrédients dans un bol jusqu'à l'obtention d'un mélange homogène. Versez dans le moule et enfournez 45 minutes. La lame d'un couteau insérée au centre du gâteau doit ressortir propre. Laissez reposer le gâteau 10 minutes dans le moule puis démoulez-le sur une grille et laissez refroidir complètement.

Préparez la ganache en fouettant la crème et le chocolat fondu jusqu'à l'obtention d'un mélange lisse. Étalez la ganache sur le dessus du gâteau.

Ce gâteau se conserve 2 à 4 jours au réfrigérateur, dans un récipient hermétique. Laissez-le revenir à température ambiante avant de servir.

PRÉPA / CUISSON

15 min / 1 h

ASTUCE

sans lactose, sans gluten

Un délicieux cake pour accompagner un thé, plein de parfums, et naturellement sucré par les dattes et la banane écrasée.

Cake à la banane, aux dattes & au rhum

Pour 8 à 10 parts

75 ml d'huile de coco + pour le moule
2 petites bananes : 1 écrasée et 1 coupée en deux dans la longueur
½ recette de pâte de dattes (page 20)
3 c. à s. de rhum ambré
2 œufs, blancs et jaunes séparés
85 g de noix de pécan, grossièrement hachées
100 g de polenta
100 g de fécule de maïs
Les graines de 1 gousse de vanille (page 21)
2 c. à c. de poudre à lever sans gluten

Préchauffez le four à 180 °C. Huilez un moule à cake et chemisez-le de papier cuisson.

Mélangez la banane écrasée, la pâte de dattes, le rhum et 100 ml d'eau. Fouettez jusqu'à l'obtention d'un mélange homogène. Dans un bol, mélangez les jaunes d'œufs, d'huile de coco, les noix de pécan, la polenta, la fécule de maïs, les graines de vanille et la poudre à lever. Incorporez le mélange à base de banane écrasée. Montez les blancs d'œufs en neige ferme, puis incorporez-les délicatement à la pâte.

Versez la pâte dans le moule et lissez le dessus. Disposez les 2 moitiés de la banane coupée à la surface et enfournez 1 heure. Laissez le cake reposer 10 minutes puis démoulez-le sur une grille.

Ce cake se conserve 1 à 2 jours au réfrigérateur, dans un récipient hermétique. Laissez-le revenir à température ambiante avant de servir.

RÉALISER UN ROULÉ

ASTUCE

sans gluten

Avec leur jolie spirale et leur délicieuse génoise, ces biscuits roulés font un dessert idéal et très facile à réaliser, à condition de bien savoir les rouler.

Pour 10 parts

PRÉPA / CUISSON
10 min / 45 min

1 génoise de 34 cm de côté (page 44)
Garniture à la crème (page 44)

Fruits rouges frais, pour servir

01 À la sortie du four, posez sur la génoise une feuille de papier cuisson et un torchon légèrement humide. Posez dessus une planche à découper, puis retournez la génoise. Retirez la plaque et le papier cuisson.

02 Roulez la génoise avec le torchon, en partant du plus petit côté. Le torchon permet de maintenir la génoise et d'empêcher qu'elle ne se casse au moment de la dérouler. Laissez refroidir 30 minutes.

03 Déroulez le biscuit. Il est possible qu'il ait de petites fissures. Laissez refroidir encore 15 minutes. Étalez la crème en laissant un bord, sauf sur le côté à partir duquel vous commencerez à rouler.

04 Roulez de nouveau la génoise (sans le torchon). Si un peu de crème ressort au bout, pas d'inquiétude. Présentez le roulé sur un plat de service, jointure vers le dessous. Décorez comme indiqué dans la recette.

PRÉPA / CUISSON

10 min / 15 min

ASTUCE

sans gluten

La farine de noisette apporte au biscuit son petit goût délicat, ainsi que du moelleux. Elle s'accorde particulièrement bien avec les mûres ou les figues.

Biscuit roulé aux mûres

Pour 10 parts

80 g de farine de noisette
50 g de fécule de maïs
½ c. à c. de sel
5 œufs, blancs et jaunes séparés
2 c. à c. d'extrait de vanille
50 g de sucre de coco
50 g de sucre de palmier

Garniture à la crème

400 g de cream cheese
30 ml de sirop d'érable
1 c. à c. d'extrait de vanille
50 g de crème liquide
1 c. à s. de fécule de maïs

Pour décorer

80 g de confiture de fruits rouges à la vanille (page 208)
300 g de mûres
1 c. à s. de copeaux de noix de coco
Sucre glace d'érythritol

Préchauffez le four à 180 °C. Tapissez de papier cuisson une plaque à pâtisserie de 38 × 25 × 2 cm. Tamisez la farine, la fécule et le sel. Dans un bol, fouettez les jaunes d'œufs, la vanille et les 2 sucres jusqu'à l'obtention d'une crème bien aérée. Dans un autre bol, montez les blancs en neige ferme. Incorporez délicatement les blancs aux jaunes, puis incorporez la farine. Étalez la pâte sur la plaque à pâtisserie. Enfournez 15 minutes. Suivez les indications de la page 42 pour réaliser le roulé.

Pour la garniture, mélangez le cream cheese, le sirop d'érable et la vanille. Montez en bec d'oiseau la crème liquide avec la fécule de maïs, puis incorporez le mélange au cream cheese. Déroulez le biscuit comme indiqué page 42, puis étalez dessus une couche de confiture et la moitié de la crème. Parsemez les mûres ; mettez de côté 50 g pour décorer le gâteau. Roulez le biscuit, puis présentez-le sur un plat de service. Pochez le reste de crème sur le dessus du biscuit et décorez avec les mûres, les copeaux de noix de coco et le sucre glace. Placez 30 minutes au réfrigérateur avant de servir.

Le roulé se conserve 1 à 2 jours au réfrigérateur, dans un récipient hermétique. Laissez-le revenir à température ambiante avant de servir.

PRÉPA / PRISE AU FROID

20 min / 1 nuit

ASTUCE

sans lactose, sans gluten, sans œufs

Un cheesecake sans cuisson, avec une base en poudre d'amandes, garnie d'une crème aux myrtilles légère.

Cheesecake aux myrtilles

Pour 10 parts
100 g de poudre d'amandes
25 g de noix de coco râpée
5 g de graines d'amarante soufflées
½ c. à c. de cannelle
15 ml d'huile de coco
½ c. à c. de sel
6 dattes medjool, dénoyautées

Garniture
100 g de beurre de coco
60 ml d'huile de coco
250 g de myrtilles
240 g de noix de cajou, trempées 4 heures
Le zeste râpé et le jus de 1 citron
80 ml de sirop d'érable
1 c. à c. d'extrait de vanille
60 ml de lait d'amande
Poudre de myrtille

Chemisez de papier cuisson le fond et les parois d'un moule à fond amovible de 20 cm de diamètre. Placez tous les ingrédients pour la base dans le bol hachoir d'un robot, et mixez plusieurs fois, jusqu'à l'obtention d'une pâte. Déposez le mélange dans le moule et tassez-le. Placez au réfrigérateur.

Pour la garniture, faites fondre le beurre et l'huile de coco au bain-marie. Réservez. Placez tous les autres ingrédients dans le bol hachoir du robot ; gardez 1 poignée de myrtilles pour la décoration. Mixez jusqu'à l'obtention d'un mélange lisse. Ajoutez petit à petit le beurre et l'huile de coco fondus, en mixant jusqu'à ce qu'ils soient bien incorporés.

Versez la crème sur la base et lissez le dessus. Placez le cheesecake quelques heures au congélateur, ou au réfrigérateur pendant toute une nuit. Une fois la crème prise, démoulez-le et présentez-le sur un plat de service. Saupoudrez le dessus de poudre de myrtille et décorez avec les myrtilles réservées.

Ce cheesecake se conserve 1 à 2 jours au réfrigérateur, dans un récipient hermétique. Laissez-le revenir à température ambiante avant de servir.

PRÉPA / CUISSON

15 min / 15 min

ASTUCE

sans gluten

De petits gâteaux délicieusement parfumés, à la croûte moelleuse légèrement caramélisée.

Petits gâteaux aux myrtilles & à la pistache

Pour 12 gâteaux

250 g de beurre ramolli + pour les moules
130 g de sucre de fleur de palmier
4 œufs
60 g de farine de riz
60 g de farine de sorgho
40 g de fécule de pomme de terre
40 g d'arrow-rot
2 c. à c. de poudre à lever sans gluten
50 g de poudre de pistaches
Le zeste râpé et le jus de 1 citron
150 g de myrtilles
1 c. à s. de fécule de maïs
2 c. à s. de miel
2 c. à s. de pistaches concassées

Préchauffez le four à 175 °C. Beurrez les alvéoles d'une plaque en silicone pour 12 petits gâteaux. Dans un bol, fouettez le beurre et le sucre de fleur de palmier afin d'obtenir une crème bien aérée. Ajoutez les œufs un à un, au fouet. Tamisez les farines, la fécule de pomme de terre, l'arrow-rot et la poudre à lever. Ajoutez au mélange précédent les pistaches, le zeste et le jus de citron. Enrobez les myrtilles de fécule de maïs puis incorporez-les délicatement à la pâte : cela les empêchera de couler au fond.

Versez la pâte dans les alvéoles et enfournez 15 minutes. Démoulez les petits gâteaux sur une grille et laissez-les refroidir. Badigeonnez-les légèrement de miel, puis parsemez les pistaches concassées.

Ces gâteaux se conservent 1 à 2 jours au réfrigérateur, dans un récipient hermétique. Laissez-les revenir à température ambiante avant de servir.

PRÉPA / CUISSON

10 min / 30 min

ASTUCE

sans gluten

Une recette inspirée de la pâtisserie orientale, qui allie le parfum envoûtant de l'eau de rose au moelleux des amandes dans un gâteau élégant, décoré d'une crème fouettée au lait de coco.

Gâteau à la noix de coco & à la rose

Pour 8 parts

150 g de beurre fondu + pour le moule
2 c. à c. d'eau de rose
3 œufs
80 g de sucre de coco
50 g de farine de riz
50 g de farine de sarrasin
35 g de fécule de pomme de terre
35 g de tapioca
50 g de poudre d'amandes
45 g de noix de coco râpée

Glaçage

½ recette de crème fouettée au lait de coco (page 196)
100 g d'amandes effilées grillées

Préchauffez le four à 180 °C. Beurrez et chemisez de papier cuisson un moule à manqué de 18 cm de diamètre. Fouettez l'eau de rose, les œufs et le sucre jusqu'à l'obtention d'un mélange léger et crémeux. Incorporez les farines, la fécule, le tapioca, la poudre d'amandes, la noix de coco râpée et le beurre fondu. Versez la pâte dans le moule et enfournez 30 minutes. Plantez la lame d'un couteau au centre du gâteau : elle doit ressortir propre. Laissez reposer le gâteau 10 minutes dans le moule puis démoulez-le sur une grille.

Étalez la crème fouettée au lait de coco sur tous les côtés du gâteau et parsemez les amandes effilées.

Ce gâteau se conserve 1 à 2 jours au réfrigérateur, dans un récipient hermétique. Laissez-le revenir à température ambiante avant de servir.

PRÉPA / CUISSON

15 min / 55 min

ASTUCE

sans gluten

Une recette ultrafacile à réaliser, idéale lorsqu'arrive la pleine saison de la rhubarbe.

Cake rhubarbe-pistache

Pour 8 à 10 parts

150 g de beurre fondu
+ pour le moule
150 g de brassé au lait de coco
3 œufs légèrement battus
100 g de miel
100 g de farine de riz
50 g de fécule de maïs
50 g d'arrow-rot
100 g de poudre de pistaches
1 c. à c. de poudre à lever sans gluten
1 c. à c. de bicarbonate de soude
1 c. à c. d'extrait de vanille
150 g de rhubarbe

Préchauffez le four à 180 °C. Beurrez un moule à cake et chemisez-le de papier cuisson. Mélangez au fouet tous les ingrédients, à l'exception de la rhubarbe, jusqu'à l'obtention d'une pâte homogène. Versez la pâte dans le moule et disposez les tronçons de rhubarbe comme sur la photo.

Enfournez 55 minutes. Plantez la lame d'un couteau au centre du gâteau : elle doit ressortir propre. Au bout de 30 minutes, déposez une feuille de papier d'aluminium sur le moule afin d'éviter que le dessus du cake ne brûle. Laissez reposer 10 minutes dans le moule puis démoulez sur une grille.

Ce cake se conserve 1 à 2 jours au réfrigérateur, dans un récipient hermétique. Laissez-le revenir à température ambiante avant de servir.

PRÉPA / CUISSON

10 min / 20 min

ASTUCE

sans gluten

Le parfum délicat de la rose, associé aux pistaches, donne à ces cupcakes un goût subtil, une belle couleur et une agréable consistance. Parfaits pour toutes vos fêtes et grandes occasions !

Cupcakes framboise-pistache à la rose

Pour 12 cupcakes
200 g de beurre ramolli
130 g de sucre de fleur de palmier
3 œufs légèrement battus
100 g de farine de riz
50 g de fécule de maïs
50 g d'arrow-rot
3 c. à c. de poudre à lever sans gluten
50 g de poudre de pistaches
50 ml de lait
1 ½ c. à c. d'eau de rose
300 g de framboises

Pour décorer
Crème fouettée au lait de coco (page 196)
Poudre de betterave

Préchauffez le four à 170 °C. Déposez des caissettes en papier dans les 12 alvéoles d'une plaque à muffins. Dans un bol, fouettez le beurre et le sucre de fleur de palmier jusqu'à l'obtention d'un mélange crémeux. Ajoutez les œufs un à un, en mélangeant bien à chaque fois. Tamisez la farine, la fécule, l'arrow-rot et la poudre à lever, ajoutez la poudre de pistaches et incorporez délicatement au mélange. Ajoutez le lait et l'eau de rose sans cesser de remuer, puis incorporez délicatement les framboises.

Remplissez les caissettes de pâte aux deux tiers et enfournez 15 minutes. À la sortie du four, déposez les gâteaux sur une grille afin de les laisser refroidir. Décorez les cupcakes de crème fouettée au lait de coco et saupoudrez de poudre de betterave.

Ces cupcakes se conservent 1 à 2 jours au réfrigérateur, dans un récipient hermétique. Laissez-les revenir à température ambiante avant de servir.

PRÉPA / CUISSON

10 min / 25 min

ASTUCE

sans lactose, sans gluten

Un cake tout simple, mais tellement bon. Ne mettez pas plus de bananes que nécessaire : une quantité plus ou moins importante change du tout au tout la consistance de la pâte.

Banana cake à la farine de sarrasin

Pour 8 à 10 parts
Huile ou beurre pour le moule
2 œufs, blancs et jaunes séparés
40 g de sucre de fleur de palmier
2 bananes bien mûres, écrasées
100 g de farine de sarrasin
50 g de fécule de maïs
1 ½ c. à c. de poudre à lever sans gluten
1 c. à c. de cannelle
½ c. à c. de sel
Rondelles de banane caramélisées (page 204), pour décorer

Préchauffez le four à 170 °C. Graissez un moule à cake et chemisez-le de papier cuisson. Fouettez les jaunes d'œufs et le sucre de fleur de palmier jusqu'à l'obtention d'un mélange crémeux. Ajoutez les bananes écrasées et fouettez. Tamisez tous les ingrédients secs, puis incorporez-les au mélange à base d'œufs.

Dans un autre bol, montez les blancs en neige ferme, puis incorporez-les délicatement à la pâte. Versez dans le moule et enfournez 25 minutes. Plantez la lame d'un couteau au centre du gâteau : elle doit ressortir propre. Laissez reposer le cake 5 minutes dans le moule, puis démoulez-le sur une grille. Décorez de rondelles de banane caramélisées avant de servir.

Ce cake se conserve 3 jours dans un récipient hermétique. Coupé en tranches, il se congèle très bien.

PRÉPA / CUISSON

10 min / 1 h

ASTUCE

sans gluten

Un gâteau à la vanille tout simple, agrémenté de fruits rouges juteux et parfumés.

Gâteau aux fruits rouges

Pour 10 parts
250 g de beurre ramolli + pour le moule
160 g de farine de riz
80 g de fécule de maïs
80 g d'arrow-rot
3 c. à c. de poudre à lever sans gluten
50 g de miel
150 g de sucre de fleur de palmier
5 œufs légèrement battus
150 g de brassé au lait de coco
Les graines de 1 gousse de vanille (page 21)
100 g de framboises
100 g de myrtilles

Garniture
250 g de crème fraîche
100 g de framboises
100 g de myrtilles

Préchauffez le four à 170 °C. Beurrez et chemisez de papier cuisson un moule à manqué de 20 cm de diamètre. Tamisez la farine, la fécule, l'arrow-rot et la poudre à lever. Mélangez au fouet le beurre, le miel et le sucre de fleur de palmier. Ajoutez les œufs, en les versant petit à petit, et en fouettant bien à chaque fois. Incorporez les farines et le brassé au lait de coco.

Versez la moitié de la pâte dans le moule. Incorporez délicatement les fruits rouges prévus pour le gâteau. Versez le reste de pâte et enfournez 1 heure. Laissez le gâteau reposer 5 minutes dans le moule puis démoulez-le sur une grille. Garnissez le dessus de crème fraîche et de fruits.

Ce gâteau se conserve 1 à 2 jours au réfrigérateur, dans un récipient hermétique. Laissez-le revenir à température ambiante avant de servir.

PRÉPA / CUISSON

10 min / 40 min

ASTUCE

sans gluten

Un cake au chocolat sublimé par un fruit pourtant simple, la poire, qui apporte à cette recette des fibres et de la vitamine C.

Cake poire-chocolat

Pour 8 à 10 parts

100 g de sucre de fleur de palmier
100 g de beurre + pour le moule
100 g de farine d'amande
70 g de farine de riz
50 g de fécule de maïs
50 g de cacao cru en poudre
3 œufs légèrement battus
2 c. à s. de yaourt nature
3 petites poires pelées

Préchauffez le four à 180 °C. Beurrez un moule à cake et chemisez-le de papier cuisson. Tamisez les farines, la fécule et le cacao. Mélangez au fouet le beurre et le sucre de fleur de palmier. Ajoutez les œufs, en les versant petit à petit, en fouettant bien à chaque fois. Incorporez les ingrédients tamisés et le yaourt. Versez la pâte dans le moule, puis introduisez les poires, une à une, les unes derrière les autres, de façon que leur queue dépasse de la pâte. Enfournez 40 minutes.

Ce cake se conserve 1 à 2 jours au réfrigérateur, dans un récipient hermétique. Laissez-le revenir à température ambiante avant de servir.

PRÉPA / CUISSON

15 min / 1 h

ASTUCE

sans gluten

Une version revisitée du cheesecake classique américain, auquel la ricotta donne un goût unique et une consistance légère. De belles marbrures au coulis de framboise décorent le gâteau, effet garanti !

Cheesecake à la ricotta

Pour 10 parts

Base pour cheesecake (page 115)

Garniture

1 banane bien mûre, écrasée
500 g de ricotta
250 g de crème fraîche
75 g de miel d'acacia
Le zeste râpé de 1 citron
1 c. à s. de fécule de maïs
3 œufs légèrement battus
2 c. à s. de coulis de framboise (page 200)

Chemisez de papier cuisson un moule de 20 cm de diamètre. Tassez la base pour cheesecake dans un moule et placez au réfrigérateur. Préchauffez le four à 150 °C.

Pour la garniture, mélangez au fouet la banane écrasée, la ricotta, la crème fraîche, le miel, le zeste de citron et la fécule de maïs. Ajoutez petit à petit les œufs, mélangez. Versez la garniture dans le moule. Arrosez le dessus de coulis de framboise puis créez des marbrures à l'aide d'une pique en bois ou de la pointe d'un couteau. Enfournez 1 heure jusqu'à ce que la garniture soit prise. Laissez le cheesecake refroidir complètement puis démoulez-le.

Ce cheesecake se conserve 1 à 2 jours au réfrigérateur, dans un récipient hermétique. Laissez-le revenir à température ambiante avant de servir.

ALTERNATIVES AU LAIT

Le lait en pâtisserie

Les produits laitiers apportent de l'onctuosité et du goût aux pâtisseries. Ils contribuent à faire lever la pâte, à la rendre légère et moelleuse. Ils agissent sur la consistance et la couleur de la croûte, et permettent aux gâteaux de bien se conserver, en plus de conserver toutes leurs propriétés nutritionnelles.

Les alternatives au lait

Il existe de nombreuses alternatives au lait. Lait d'amande, boissons aux noix de cajou, à l'avoine ou à la noix de coco : toutes ou presque sont interchangeables, dans les mêmes quantités. Bien sûr, il faut tenir compte du résultat souhaité et choisir la boisson végétale dont le goût s'accordera le mieux aux autres ingrédients de la recette.

Lait de vache **42 kcal**
Pour 100 ml

- 1 g de matière grasse
- 5 g de glucides
- 3,4 g de protéines

Boisson à la noix de cajou
23 kcal
Pour 100 ml

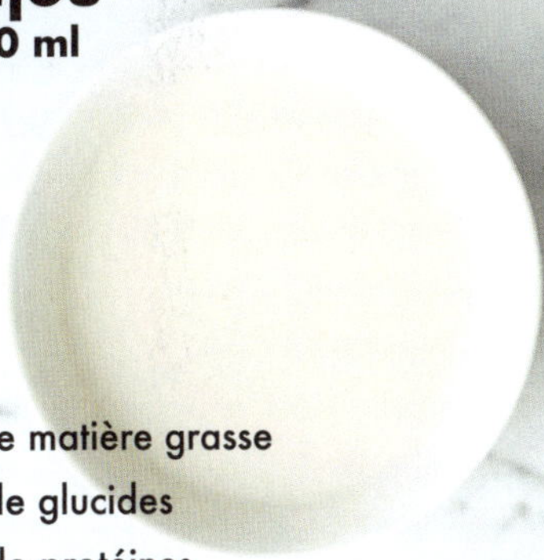

- 1,1 g de matière grasse
- 2,6 g de glucides
- 0,5 g de protéines

Boisson à l'avoine
45 kcal
Pour 100 ml

- 1,5 g de matière grasse
- 6,5 g de glucides
- 0,3 g de protéines

Lait d'amande
22 kcal
Pour 100 ml

- 1,1 g de matière grasse
- 2,4 g de glucides
- 0,4 g de protéines

Boisson au riz
47 kcal
Pour 100 ml

- 1 g de matière grasse
- 10 g de glucides
- 0,1 g de protéines

Lait de coco
20 kcal
Pour 100 ml

- 0,9 g de matière grasse
- 2,7 g de glucides
- 0,1 g de protéines

Boisson au soja
40 kcal
Pour 100 ml

- 2 g de matière grasse
- 2 g de glucides
- 3,5 g de protéines

Par quoi remplacer

quel ingrédient ?	saveur
lait d'amande Se fabrique à partir d'amandes entières ou de purée d'amandes mélangées à de l'eau.	À la fois nourrissante et pauvre en calories, cette boisson fabriquée à partir d'amandes broyées mélangées à de l'eau, puis filtrées, donne un résultat à l'aspect très proche du lait, à la saveur légèrement sucrée et noisetée.
boisson à la noix de cajou Se fabrique à partir de noix de cajou ou de purée de cajou mélangées à de l'eau.	Dans cette boisson, on retrouve toutes les fibres et les nutriments contenus dans les noix de cajou, simplement mélangées à de l'eau. Le résultat se présente sous la forme d'une boisson crémeuse, à la saveur légèrement sucrée et noisetée.
lait de coco Se fabrique à partir de la chair blanche des noix de coco.	Une boisson traditionnellement préparée à la main, à partir de noix de coco râpée mélangée avec de l'eau. L'épaisseur du résultat dépend de la quantité d'eau utilisée. Sa consistance est crémeuse, et son goût légèrement sucré et subtil.
boisson à l'avoine Se fabrique à partir d'avoine mélangée à de l'eau. D'autres ingrédients tels que des gommes, des huiles et du sel sont souvent ajoutés pour en améliorer la consistance et le goût.	La boisson d'avoine n'est en fait que de l'avoine mixée avec de l'eau, puis filtrée. Son goût est doux et légèrement sucré.
boisson au riz Se fabrique à partir de riz blanc ou complet mélangé à de l'eau. Contient des épaississants pour améliorer la texture et le goût.	La boisson végétale la moins allergène. Son goût est doux, légèrement sucré, et sa consistance fluide, presque comme de l'eau.
boisson au soja Se fabrique à partir de germes de soja et d'eau filtrée.	Fabriqué à partir d'une plante, la boisson de soja ne contient naturellement pas de cholestérol alimentaire et peu de graisses saturées. La boisson fabriquée selon la méthode traditionnelle possède un goût proche du haricot.

le lait en pâtisserie ?

bienfaits	divers
Le lait d'amande représente une excellente source de vitamine E, aux propriétés antioxydantes, qui aide l'organisme à se protéger contre les radicaux libres. Essentiellement composé d'eau, il compte en revanche moins de nutriments (protéines, fibres et bonnes graisses) que les amandes entières.	Privilégiez les boissons contenant le plus haut pourcentage possible d'amande, entre 7 et 15 %. Le lait d'amande contient par ailleurs de l'acide phytique, une substance limitant l'absorption du fer, du zinc et du calcium.
Une boisson qui contient moitié moins de calories que le lait de vache, autant de matière grasse, mais beaucoup moins de protéines et de glucides.	La pulpe, filtrée dans les boissons du commerce, entraîne la perte de tous les nutriments. Préférez donc la boisson de cajou maison, l'une des plus faciles à préparer soi-même.
Le lait de coco est riche en triglycérides à chaîne moyenne (TCM), qui appartiennent au groupe des graisses saturées.	La boisson végétale au lait de coco est en fait le même produit que l'on trouve en conserve, mais en plus dilué.
Cette boisson est riche en fibres et en bêta-glucanes, qui contribuent à faire baisser le cholestérol et le taux de sucre dans le sang.	Pour une boisson légèrement plus sucrée, ajoutez de l'extrait de vanille ou de la pâte de dattes. Préparez également une boisson aromatisée au chocolat en ajoutant du cacao cru en poudre.
Contient le même nombre de calories et de matière grasse que le lait de vache, deux fois plus de glucides, mais moins de protéines.	Avec son taux très élevé en arsenic inorganique, cette boisson est déconseillée aux personnes dont le riz constitue l'aliment de base.
Bonne source de protéines, de vitamine A, B12 et de potassium, cette boisson peut être enrichie en calcium et en vitamine D. Elle contient autant de protéines que le lait de vache, mais moins de calories que le lait entier et presque autant que le lait écrémé. Certains fabricants y ajoutent des épaississants.	Une boisson dont le goût diffère en fonction du type de germe de soja utilisé pour sa fabrication. La plupart des boissons de soja proposées dans les grandes surfaces sont aromatisées et enrichies en calcium et en vitamines. Les arômes les plus répandus sont vanille et chocolat.

PRÉPARER LA BOISSON DE CAJOU

Pour 1 litre

PRÉPA 10 min
+ 4 h de trempage

250 g de noix de cajou
1 litre d'eau filtrée

ASTUCE

sans lactose, sans gluten, sans œufs

Pour préparer cette boisson, les noix sont mixées entières, mélangées à l'eau. Tous les nutriments – magnésium, phosphore, fer, potassium, zinc – sont donc préservés.

01 Faites tremper les noix de cajou 4 heures dans 2 fois leur volume d'eau.

02 Égouttez.

03 Versez les noix et l'eau filtrée dans le bol hachoir d'un robot et mixez 5 minutes.

04 À l'aide d'un entonnoir, transvasez la boisson dans une bouteille propre. Elle se conserve 5 jours au réfrigérateur.

PRÉPARER UNE PURÉE D'OLÉAGINEUX

ASTUCE

sans lactose, sans gluten, sans œufs

Prévoyez un peu de temps – 30 minutes au maximum – si vous souhaitez trouver la bonne consistance sans ajout de liquide. Cette recette peut se préparer avec un seul type de fruit à coque.

Pour 400 g

PRÉPA / CUISSON
12 min / 30 min

- 400 g d'un mélange de fruits à coque : amandes, noix, noisettes
- ½ c. à c. de sel

01 Préchauffez le four à 175 °C. Versez les fruits à coque sur la plaque de cuisson et enfournez 12 minutes.

02 Transférez les fruits à coque sur un torchon propre et frottez-les afin d'ôter les peaux.

03 Mixez les fruits à coque dans le bol hachoir d'un robot, en vous arrêtant pour racler les parois. Cette opération peut prendre jusqu'à 30 minutes.

04 Quand la purée est lisse, ajoutez le sel, mélangez puis transférez-la dans un pot en verre. Elle se conserve 1 mois au réfrigérateur.

ALTERNATIVES AU BEURRE

Les produits alternatifs contiennent une importante quantité d'eau : ajustez les proportions en enlevant un peu de liquide ou en ajoutant de la farine. Les principaux substituts du beurre sont les oléagineux, les purées d'oléagineux, le beurre de coco, l'huile de coco et l'huile végétale.

Beurre — **717 kcal**
Pour 100 g

- 81 g de matière grasse
- 0,8 g de protéines

Beurre de coco — **633 kcal**
Pour 100 g

- 63 g de matière grasse
- 6,6 g de protéines

Purée d'amandes — **588 kcal**
Pour 100 g

- 53,4 g de matière grasse
- 20,4 g de protéines

QUANTITÉ DE BEURRE / HUILE		SUBSTITUT		POURQUOI UTILISER UN PRODUIT ALTERNATIF ?
100 g de beurre	→	100 g de purée de pommes non sucrée	→	à utiliser dans les gâteaux à base d'huile, pour ajouter du moelleux.
100 g de beurre	→	100 g de banane écrasée	→	donne des gâteaux consistants ; valable pour toutes les recettes.
100 g de beurre	→	50 g d'avocat	→	pour les recettes à base de chocolat ; apporte une couleur verte.
100 g de beurre	→	80 ml d'huile végétale	→	goût puissant ; à utiliser dans les recettes à base de fruits.
100 g de beurre	→	100 ml d'huile de coco	→	ne contient pas de graisse saturée ; modifiera peu le goût des gâteaux.
250 ml d'huile	→	2 bananes écrasées	→	associez les bananes à une farine sans gluten pour réduire le temps de cuisson.
100 g de beurre	→	100 g de yaourt nature	→	donne aux gâteaux une consistance humide, presque crémeuse.
100 g de beurre	→	50 g de purée d'oléagineux + 50 g de beurre de coco	→	apporte aux gâteaux un goût noiseté, mais les rend plus consistants.

PAR QUOI REMPLACER LA CRÈME ?

Les alternatives aux produits laitiers à base de végétaux surprennent par la légèreté et le goût délicat qu'ils apportent aux pâtisseries. Le brassé de coco donne aux glaçages un crémeux soyeux et aux gâteaux une texture moelleuse. Montez le lait de coco en crème légère et incorporez à une mousse, un cheesecake ou un glaçage. Les noix de cajou et de macadamia sont idéales pour des boissons végétales et des préparations crémeuses à utiliser dans les glaçages.

COMMENT REMPLACER LE LAIT RIBOT ?

Mélangez 2 cuillerées à soupe de jus de citron ou de vinaigre de cidre à 240 ml de lait d'amande, et laissez reposer 15 minutes : le lait d'amande va cailler. Remplacez le lait ribot par la même quantité de ce mélange.

QUANTITÉ DE CRÈME		REMPLACER PAR
250 ml de n'importe quelle crème	=	même quantité de glaçage au cajou (page 202)
250 ml de crème fraîche	=	même quantité de tofu soyeux battu ou 190 ml de boisson d'avoine mélangée à 60 ml d'huile d'olive
250 ml de crème épaisse	=	même quantité de crème de coco (réfrigérez 1 boîte de lait de coco toute la nuit pour que la crème remonte à la surface) ou 165 ml de boisson de riz mélangée à 80 ml d'huile d'olive (ce sera moins crémeux)

PAR QUOI REMPLACER LE YAOURT ?

Noix de cajou – faites-les tremper dans de l'eau puis mixez-les jusqu'à l'obtention d'une consistance épaisse. À utiliser dans les mêmes proportions que du yaourt dans les recettes.

Crème de coco – placez au réfrigérateur 1 boîte de crème de coco toute une nuit, puis récupérez la crème remontée à la surface. À utiliser dans les mêmes proportions que du yaourt. Bien que végétale, elle est très riche en matière grasse.

Brassé végétal – il est possible d'en préparer soi-même, mais le résultat est souvent moins épais que pour du yaourt au lait de vache. Conservez les mêmes proportions dans les recettes. Les brassés végétaux du commerce offrent une bonne alternative à ceux à base de lait animal.

Tofu soyeux – mixé, le tofu soyeux mi-ferme offre une bonne alternative au yaourt. À utiliser dans les mêmes proportions.

PRÉPA / CUISSON

15 min / 30 min

ASTUCE

sans lactose, sans gluten

L'association betterave-chocolat permet de faire oublier le goût terreux de ce légume-racine. Un moyen pour introduire des nutriments et des antioxydants dans ce moelleux, sans atténuer ses saveurs.

Moelleux chocolat-betterave

Pour 10 parts

Huile pour le moule
100 g de farine de sorgho
35 g de fécule de maïs
1 c. à c. de poudre à lever sans gluten
3 c. à s. de cacao cru en poudre + pour saupoudrer
250 g de betteraves cuites, pelées
200 g de chocolat sans lait (page 80)
4 c. à s. de café chaud
200 g de purée d'amandes
5 œufs, blancs et jaunes séparés
125 ml de sirop d'érable

Préchauffez le four à 180 °C. Huilez et chemisez de papier cuisson un moule à manqué de 20 cm de diamètre. Tamisez tous les ingrédients secs. Réduisez les betteraves en purée dans le bol hachoir d'un robot. Faites fondre le chocolat au bain-marie (assurez-vous que le bol n'entre pas en contact avec l'eau), puis ajoutez le café. Retirez le bol du bain-marie. Ajoutez la purée d'amandes, et mélangez.

Battez les jaunes d'œufs et le sirop d'érable jusqu'à ce que le mélange devienne mousseux, puis incorporez le chocolat fondu. Incorporez la purée de betteraves, puis les ingrédients secs. Montez les blancs d'œufs en neige ferme puis incorporez-les délicatement à la pâte. Versez la pâte dans le moule et enfournez 30 minutes. Plantez la lame d'un couteau au centre du gâteau : elle doit ressortir propre. Laissez refroidir le gâteau dans le moule. Saupoudrez-le de cacao cru avant de servir.

Ce moelleux se conserve 2 à 4 jours au réfrigérateur, dans une boîte hermétique. Laissez-le revenir à température ambiante avant de servir.

PRÉPA / CUISSON

10 min / 25 min

ASTUCE

sans lactose, sans gluten

Une recette idéale pour ceux qui trouvent les cupcakes classiques trop sucrés. Leur goût subtil et leur consistance moelleuse sont complétés par un glaçage crémeux au coco.

Cupcakes à la carotte

Pour 8 cupcakes
250 g de carottes râpées
1 c. à c. de poudre à lever sans gluten
1 c. à c. d'extrait de vanille
2 œufs légèrement battus
1 c. à c. de cannelle
½ c. à c. de gingembre moulu
100 g de farine d'amande
50 g de farine de riz
30 ml d'huile de coco
75 ml de sirop d'érable
Crème fouettée au lait de coco (page 196)

Préchauffez le four à 170 °C. Chemisez de caissettes en papier les 12 alvéoles d'une plaque à muffins. Placez tous les ingrédients dans un grand bol et mélangez jusqu'à l'obtention d'une pâte homogène. Versez la pâte dans les caissettes. Enfournez 25 minutes. Plantez la lame d'un couteau au centre d'un gâteau : elle doit ressortir propre. Laissez refroidir.

Une fois refroidis, décorez les cupcakes de crème fouettée au lait de coco. Placez-les 1 heure au réfrigérateur avant de servir.

Ces cupcakes se conservent 1 à 2 jours au réfrigérateur, dans une boîte hermétique. Laissez-les revenir à température ambiante avant de servir.

PRÉPA / CUISSON

10 min / 35 min

ASTUCE

sans lactose, sans gluten

Un bundt cake légèrement plus dense que les gâteaux plus classiques, mais dont la texture n'en est pas moins appréciable.

Bundt cake aux noisettes

Pour 10 à 12 parts
Huile pour le moule
130 g de farine de riz + pour le moule
250 g de purée d'amandes
150 ml de sirop d'érable
5 œufs
65 g de fécule de maïs
65 g d'arrow-rot
3 c. à c. de poudre à lever sans gluten
2 c. à c. de bicarbonate de soude
150 g de poudre de noisettes
50 g de noisettes concassées
150 ml de lait d'amande

Pour décorer
2 c. à s. de sirop d'érable
1 c. à s. de noisettes concassées

Préchauffez le four à 180 °C. Huilez et farinez un moule à bundt cake de 22 cm de diamètre. Battez la purée d'amandes et le sirop d'érable en crème. Ajoutez petit à petit les œufs, en mélangeant bien à chaque fois. Mélangez tous les ingrédients secs, puis incorporez petit à petit à la purée d'amandes au sirop d'érable, en alternant avec le lait d'amande.

Versez la pâte dans le moule et enfournez 35 minutes. Plantez la lame d'un couteau au centre du gâteau : elle doit ressortir propre. Laissez le gâteau reposer 10 minutes dans le moule puis démoulez-le sur une grille. Une fois complètement refroidi, arrosez-le de sirop d'érable et décorez-le de noisettes concassées. Servez.

Ce bundt cake se conserve 2 à 4 jours au réfrigérateur, dans une boîte hermétique. Laissez-le revenir à température ambiante avant de servir.

PRÉPA / CUISSON

40 min / 15 min

ASTUCE

sans lactose, sans gluten

La purée d'orange incorporée à la pâte à base d'amande donne à ces petits gâteaux une texture inimitable. Servez-les avec une mousse au chocolat, pour reprendre l'association classique orange-chocolat.

Petits moelleux à l'orange, amande & chocolat

Pour 12 gâteaux
2 oranges
Huile pour le moule
4 œufs
130 g de sucre de fleur de palmier
125 g de poudre d'amandes
125 g de farine d'avoine
2 c. à c. de poudre à lever sans gluten
1 pincée de sel
150 g de pépites de chocolat sans lait (page 80)
Sauce cacao (page 220) pour servir

Placez les oranges entières dans une casserole et recouvrez-les d'eau. Portez à ébullition, et laissez frémir pendant 30 minutes jusqu'à ce que les oranges aient ramolli. Laissez refroidir. Préchauffez le four à 170 °C. Huilez les 12 alvéoles d'un moule en silicone.

Une fois les oranges refroidies, coupez-les en deux, ôtez et jetez les pépins, puis mixez-les en purée lisse. Battez les œufs avec le sucre de fleur de palmier jusqu'à l'obtention d'une crème pâle. Incorporez les oranges mixées. Ajoutez tous les ingrédients secs, mélangez. Incorporez les pépites de chocolat, puis versez la pâte dans les moules. Enfournez 15 minutes. Plantez la lame d'un couteau au centre du gâteau : elle doit ressortir propre. Laissez refroidir les gâteaux dans leur moule, puis démoulez-les. Pochez de la sauce cacao sur le dessus de chaque moelleux.

Ces gâteaux se conservent 2 à 4 jours au réfrigérateur, dans une boîte hermétique. Laissez-les revenir à température ambiante avant de servir.

PRÉPA / PRISE AU FROID

5 min / 3 h

ASTUCE

sans lactose, sans gluten, sans œufs

Un véritable chocolat amer, préparé avec seulement 4 ingrédients, sans arômes ajoutés ni émulsifiants. Riche et intense, laissez-le fondre dans la bouche pour en apprécier toute la puissance.

Chocolat sans lait

Pour 600 g
Huile pour le moule
300 g de beurre de cacao, haché en petits morceaux
150 g de cacao cru en poudre
90 ml de sirop d'érable
Les graines de 1 gousse de vanille (page 21)

Huilez et chemisez une plaque de cuisson de 38 × 25 × 2 cm. Faites fondre le beurre de cacao au bain-marie (assurez-vous que le fond du bol n'entre pas en contact avec l'eau), jusqu'à ce qu'il atteigne la température de 40 °C. Veillez à ne pas surchauffer le beurre de cacao, au risque de rendre le chocolat granuleux et blanchâtre par endroits.

Retirez le bol du bain-marie, ajoutez les autres ingrédients et mélangez au mixeur plongeant, en conservant une température de 28 °C. Versez la pâte sur la plaque de cuisson en la tapant délicatement afin de chasser les éventuelles bulles d'air, puis lissez la surface à l'aide d'une spatule. Placer la plaque 3 heures au réfrigérateur. Cassez le chocolat en morceaux.

Ce chocolat se conserve 3 mois au réfrigérateur, dans un récipient hermétique.

PRÉPA / PRISE AU FROID

25 min / 1 nuit

ASTUCE

sans lactose, sans gluten, sans œufs

Un cheesecake à la couleur éclatante, facile à réaliser, parfait équilibre entre douceur et acidité. La base croustillante est complétée par la garniture onctueuse et gourmande : un dessert idéal pour l'été !

Cheesecake aux mûres

Pour 10 parts
Base pour cheesecake (page 115)

Garniture
200 g de mûres
60 g de miel
Les graines de 1 gousse de vanille (page 21)
Le zeste râpé et le jus de 1 citron
500 g de glaçage au cajou (page 202)

Préchauffez le four à 180 °C. Déposez la base pour cheesecake dans un moule à fond amovible de 20 cm de diamètre et tassez bien. Enfournez 10 minutes.

Placez les mûres dans une casserole avec le miel et les graines de vanille. Faites chauffer sur feu moyen et laissez réduire 10 minutes, en remuant régulièrement, jusqu'à l'obtention d'un mélange collant. Ajoutez le jus et le zeste de citron. Laissez refroidir.

Dans un bol, fouettez le glaçage au cajou. Garnissez la base de cette préparation. Placez le cheesecake 2 heures au réfrigérateur. Étalez sur le dessus le mélange à base de mûres, puis replacez le gâteau au réfrigérateur pendant une nuit entière.

Ce cheesecake se conserve 1 à 2 jours au réfrigérateur, dans une boîte hermétique. Laissez-le revenir à température ambiante avant de servir.

PRÉPA / CUISSON

10 min / 22 min

ASTUCE

sans lactose, sans gluten

Des cupcakes fondants, au bon goût de chocolat et sans aucun colorant artificiel. C'est la betterave qui donne à ces gâteaux leur belle couleur rouge.

Red velvet cupcakes

Pour 10 cupcakes
260 g de betteraves râpées
2 œufs
1 c. à c. d'extrait de vanille
½ c. à c. de cannelle
1 pincée de sel
150 g de farine d'amande
90 g de farine de riz
½ c. à s. de bicarbonate de soude
3 c. à s. de cacao cru en poudre
100 g de sucre de coco
3 c. à s. d'huile de coco
1 c. à c. de poudre à lever sans gluten
Brisures de framboise surgelées, pour décorer
Crème fouettée au lait de coco (page 196), pour servir

Préchauffez le four à 170 °C. Chemisez de caissettes en papier les 12 alvéoles d'une plaque à muffins. Dans un grand bol, mélangez tous les ingrédients jusqu'à l'obtention d'une pâte homogène.

Versez la pâte dans les moules et enfournez 22 minutes. Plantez la lame d'un couteau au centre d'un gâteau : elle doit ressortir propre. Retirez la plaque à muffins du four et laissez les gâteaux refroidir complètement. Démoulez les cupcakes et parsemez-les de brisures de framboise avant de servir. Servez avec de la crème fouettée au lait de coco.

Ces cupcakes se conservent 1 à 2 jours au réfrigérateur, dans une boîte hermétique. Laissez-les revenir à température ambiante avant de servir.

PRÉPA / CUISSON

10 min / 25 min

ASTUCE

sans lactose, sans gluten

La pomme et l'amande est une association très réussie. Avec les morceaux de pomme nichés dans une pâte moelleuse, parfumée à la fleur d'oranger, ces petits cakes sont l'essence même de la simplicité.

Cakes pomme-amande à la fleur d'oranger

Pour 4 cakes individuels

Huile pour les moules
300 g de pommes grossièrement râpées
2 œufs légèrement battus
60 ml de lait de coco
2 c. à s. de miel
2 c. à c. d'extrait de vanille
1 c. à c. d'eau de fleur d'oranger
100 g de farine d'amande
100 g de farine de riz
40 g de fécule de maïs
2 c. à c. de poudre à lever sans gluten
Rondelles de pomme séchée, pour décorer

Préchauffez le four à 160 °C. Huilez et chemisez de papier cuisson 4 moules à cake individuels. Mélangez tous les ingrédients dans un bol jusqu'à l'obtention d'une pâte homogène. Versez la pâte dans les moules et enfournez 25 minutes. Plantez la lame d'un couteau au centre d'un gâteau : elle doit ressortir propre. Décorez de rondelles de pomme avant de servir.

Ces cakes se conservent 2 à 4 jours au réfrigérateur, dans une boîte hermétique. Laissez-les revenir à température ambiante avant de servir.

PRÉPA / PRISE AU FROID

30 min / 1 nuit

ASTUCE

sans lactose, sans gluten, sans œufs

Un ravissant dessert, facile à préparer, et qui ne nécessite pas de cuisson. Seule partie délicate de la recette : réussir à attendre jusqu'au lendemain pour que le cheesecake prenne, avant de le manger.

Cheesecake myrtilles & citron vert

Pour 8 parts
Huile pour le moule
90 g de dattes medjool dénoyautées
1 c. à c. d'extrait de vanille
70 g de noix de coco râpée
1 c. à c. de graines de lin
30 ml d'huile de coco
2 c. à s. de sirop d'érable

Garniture
350 g de myrtilles
100 ml de jus de citron vert
Le zeste râpé de 2 citrons verts
110 g de miel
200 g de glaçage au cajou (page 202)
75 ml d'huile de coco
240 g de crème fouettée au lait de coco (page 196)
250 g de myrtilles surgelées

Huilez et chemisez le fond et les parois d'un moule à fond amovible de 20 cm de diamètre. Dans le bol hachoir d'un robot, placez les dattes, la vanille, la noix de coco, les graines de lin, l'huile de coco et le sirop d'érable. Mixez. Déposez la pâte obtenue dans le moule, tassez et placez au moins 30 minutes au réfrigérateur.

Dans le bol hachoir d'un robot ou un blender, mixez les myrtilles, le zeste et le jus des citrons verts et le miel. Ajoutez le glaçage au cajou, mixez de nouveau. Faites fondre l'huile de coco puis incorporez-la au mélange. Incorporez la crème fouettée au lait de coco, sans trop mélanger. Versez le mélange dans le moule, à hauteur de la base. Placez le cheesecake au moins 4 heures au réfrigérateur, ou une nuit entière. Décorez-le de myrtilles avant de servir.

Ce cheesecake se conserve 1 à 2 jours au réfrigérateur, dans une boîte hermétique. Laissez-le revenir à température ambiante avant de servir.

PRÉPA / CUISSON

10 min / 20 min

ASTUCE

sans lactose, sans gluten

Des financiers truffés de framboises fraîches.
Juste saupoudrés de sucre glace, ils feront une collation chic pour accompagner un thé.

Financiers à la framboise

Pour 12 financiers
Huile pour les moules
150 g de poudre d'amandes
140 g de farine de quinoa
2 c. à s. de farine de tapioca
1 c. à c. de poudre à lever sans gluten
100 g de miel
120 ml d'huile de coco
1 c. à c. d'extrait de vanille
4 œufs, blancs et jaunes séparés
160 ml de lait d'amande
250 g de framboises
1 c. à s. de sucre glace d'érythritol

Préchauffez le four à 180 °C. Huilez et chemisez de papier cuisson les 12 alvéoles d'une plaque pour minicakes. Dans un bol, mélangez la poudre d'amandes, la farine de quinoa, la farine de tapioca et la poudre à lever. Dans un autre récipient, fouettez le miel, l'huile de coco et la vanille jusqu'à l'obtention d'un mélange lisse, puis incorporez les jaunes d'œufs, un à un. Montez les blancs en neige ferme.

Versez la crème aux jaunes d'œufs sur les ingrédients secs, ajoutez le lait d'amande, les deux tiers des framboises et mélangez. Incorporez délicatement les blancs en neige, puis répartissez la pâte dans les moules. Déposez 1 ou 2 framboises à la surface de chaque gâteau. Enfournez 20 minutes. Plantez la lame d'un couteau au centre d'un gâteau : elle doit ressortir propre. Saupoudrez chaque financier d'un peu de sucre glace.

Ces financiers se conservent 1 à 2 jours au réfrigérateur, dans une boîte hermétique. Laissez-les revenir à température ambiante avant de servir.

PRÉPA / CUISSON

10 min / 35 min

ASTUCE

sans lactose, sans gluten

La polenta, qui remplace ici la farine, donne une texture particulière à ce gâteau, joliment parsemé de graines de pavot.

Gâteau de polenta à l'orange & au pavot

Pour 10 à 12 parts

Huile pour le moule
3 œufs
100 g de miel
50 g de sucre de fleur de palmier
Le zeste râpé et le jus de 2 oranges
80 ml d'huile de tournesol
100 g de farine d'amande
100 g de polenta
60 g de farine de riz
50 g de fécule de maïs
15 g de graines de pavot, torréfiées
1 c. à c. de poudre à lever sans gluten

Sirop

Le jus de 2 oranges et le zeste taillé en fine julienne
20 ml de miel

Préchauffez le four à 175 °C. Huilez et chemisez de papier cuisson un moule à manqué de 20 cm de diamètre. Mélangez tous les ingrédients dans un bol jusqu'à l'obtention d'une pâte homogène. Versez la pâte dans le moule et enfournez 35 minutes jusqu'à ce que la croûte du gâteau soit bien dorée et que la pointe d'un couteau enfoncée au centre ressorte propre. Laissez refroidir dans le moule.

Pour le sirop, faites chauffer le jus et le zeste des oranges avec le miel pendant quelques minutes. Réalisez de petits trous dans le gâteau à l'aide d'une pique en bois, puis versez le sirop.

Ce gâteau de polenta se conserve 2 à 4 jours au réfrigérateur, dans une boîte hermétique. Laissez-le revenir à température ambiante avant de servir.

PRÉPA / CUISSON

15 min / 25 min

ASTUCE

sans lactose, sans gluten

Un carrot cake dans lequel l'orange apporte de la fraîcheur et les pistaches une touche de croquant. Garnie de chantilly, cette version est plus light que la traditionnelle, avec un glaçage au beurre.

Carrot cake à l'orange & aux pistaches

Pour 8 parts

Huile pour le moule
2 œufs
100 g de sucre de coco
150 g de carottes râpées
100 g de farine de quinoa
30 g de farine d'amande
1 c. à c. de poudre à lever sans gluten
½ c. à c. de noix de muscade moulue
½ c. à c. de cannelle
Le jus de 1 orange
Le zeste râpé de 2 oranges
30 g de pistaches hachées + pour décorer
Crème Chantilly (page 198)

Préchauffez le four à 180 °C. Huilez et chemisez de papier cuisson un moule à manqué de 18 cm de diamètre. Battez les œufs et le sucre de coco, puis ajoutez les carottes. Dans un autre bol, mélangez tous les autres ingrédients, puis incorporez le mélange aux carottes.

Versez la pâte dans le moule et enfournez 25 minutes. Après avoir gonflé, le dessus du gâteau retombe ; la pointe d'un couteau plantée en son milieu doit ressortir propre. Laissez reposer 5 minutes puis démoulez le gâteau sur une grille. Une fois complètement refroidi, décorez-le de crème Chantilly et de pistaches hachées.

Ce carrot cake se conserve 1 à 2 jours au réfrigérateur, dans une boîte hermétique. Laissez-le revenir à température ambiante avant de servir.

PRÉPA / PRISE AU FROID

20 min / 1 nuit

ASTUCE

sans lactose, sans gluten, sans œufs

Des cheesecakes individuels on ne peut plus faciles à réaliser. Une base croustillante garnie d'une crème au cajou et au citron, parsemée de myrtilles glacées.

Cheesecakes myrtille-citron

Pour 10 cheesecakes individuels

Base pour cheesecake (page 115)
100 g de myrtilles surgelées, pour décorer

Garniture

100 g de noix de cajou, trempées 4 heures dans de l'eau froide
80 ml d'huile de coco
100 ml de sirop d'érable
Le zeste râpé et le jus de 1 citron
200 g de crème fouettée au lait de coco (page 196)

Préchauffez le four à 175 °C. Huilez les alvéoles d'une plaque en silicone pour 8 petits gâteaux (utilisez 2 plaques, ou procédez en 2 temps). Tapissez les moules de base pour cheesecake, et enfournez-les selon les indications de la page 115.

Égouttez les noix de cajou et mixez-les dans le bol hachoir d'un robot aussi finement que possible. Ajoutez l'huile de coco et mixez de nouveau. Ajoutez le reste des ingrédients et mixez afin d'obtenir un mélange homogène. Remplissez les moules et placez les cheesecakes au réfrigérateur pendant toute une nuit. Démoulez juste avant de servir et parsemez le dessus de myrtilles encore surgelées.

Ces cheesecakes se conservent 1 à 2 jours au réfrigérateur, dans une boîte hermétique. Laissez-les revenir à température ambiante avant de servir.

PRÉPA / CUISSON

10 min / 50 min

ASTUCE

sans lactose, sans gluten

Un gâteau fondant, très bon et ultragourmand. Vous ne devinerez jamais qu'il contient de l'avocat, et pas un gramme de beurre. On le surmonte de pâte à tartiner, de pistaches et de figues fraîches.

Gâteau chocolat-avocat

Pour 8 parts

Huile pour le moule
300 g de noix
150 g de chair d'avocat
200 g de dattes dénoyautées et hachées
3 œufs
Les graines de 1 gousse de vanille (page 21)
120 g de crème fouettée au lait de coco (page 196)
100 g de sucre de coco
60 g de cacao cru en poudre
2 c. à c. de poudre à lever sans gluten
Pâte à tartiner chocolat-noisette (page 206)
4 figues coupées en quatre
1 c. à c. de pistaches hachées

Préchauffez le four à 180 °C. Huilez et chemisez de papier cuisson un moule à manqué de 18 cm de diamètre. Dans le bol hachoir d'un robot, mixez les noix, l'avocat et les dattes jusqu'à l'obtention d'une pâte. Dans un bol, mélangez au fouet les œufs, la vanille, la crème fouettée au lait de coco et le sucre de coco. Incorporez le mélange à la pâte.

Tamisez le cacao et la poudre à lever, puis incorporez-les au mélange. Versez dans le moule et enfournez 50 minutes. Démoulez le gâteau sur une grille afin de le laisser refroidir. Décorez le dessus avec la pâte à tartiner, les figues fraîches et les pistaches hachées.

Ce gâteau se conserve 1 à 2 jours dans une boîte hermétique, au réfrigérateur. Laissez-le revenir à température ambiante avant de servir.

PRÉPA / CUISSON

10 min / 25 min

ASTUCE

sans lactose, sans gluten

Ils sont petits, mais très gourmands. Des cakes au chocolat moelleux, riches en noix de coco, nappés d'un glaçage soyeux, parsemé de coco grillée.

Petits cakes chocolat-coco

Pour 5 petits cakes

Huile pour le moule
230 g de noix de coco râpée
600 ml de lait de coco
3 œufs
150 g de sucre de fleur de palmier
3 c. à c. d'extrait de vanille
75 g de farine de coco
150 g de farine d'avoine
150 g de fécule de maïs
3 c. à c. de poudre à lever sans gluten
75 g de chocolat sans lait (page 80), fondu

Pour décorer

Glaçage au chocolat fudge (page 218)
2 c. à s. de copeaux de noix de coco grillés

Préchauffez le four à 170 °C. Huilez 5 petits moules à cake. Faites tremper la noix de coco râpée dans le lait de coco pendant 10 minutes. Battez les œufs, le sucre de fleur de palmier et la vanille, puis ajoutez la noix de coco trempée. Incorporez les farines et la fécule, la poudre à lever et le chocolat.

Versez la pâte dans les moules et enfournez 25 minutes. Laissez les cakes reposer 10 minutes dans les moules puis démoulez-les sur une grille. Une fois complètement refroidis, décorez-les de glaçage au chocolat fudge et de copeaux de noix de coco.

Ces cakes se conservent 2 à 4 jours au réfrigérateur, dans une boîte hermétique. Laissez-les revenir à température ambiante avant de servir.

PRÉPA / PRISE AU FROID

10 min / 1 nuit

ASTUCE

sans lactose, sans gluten, sans œufs

Plus léger et délicat que le classique cheesecake new-yorkais, cette version au thé matcha est un concentré de plaisir. Sans gluten ni produits laitiers, elle est riche en antioxydants et en protéines.

Cheesecake au kiwi & au thé matcha

Pour 8 parts
50 ml d'huile de coco fondue
140 g d'amandes
10 dattes medjool dénoyautées
50 g de noix de coco râpée

Garniture
180 g de crème de coco
180 ml de lait de coco
100 ml de jus de citron
2 c. à c. de poudre de thé matcha
Les graines de 1 gousse de vanille (page 21)
110 ml d'huile de coco

Pour décorer
3 à 4 kiwis pelés et coupées en tranches

Chemisez de papier cuisson un moule à charnière de 18 cm de diamètre. Placez l'huile de coco, les amandes, les dattes et la noix de coco râpée dans le bol hachoir d'un robot ou dans un blender, et mixez jusqu'à ce que le mélange ressemble à des miettes grossières. Tassez le mélange dans le moule.

Mixez le reste des ingrédients afin d'obtenir une garniture lisse et crémeuse. Versez la garniture sur la base, et placez le cheesecake une nuit au réfrigérateur. Décorez-le de tranches de kiwi avant de servir.

Ce cheesecake se conserve 1 à 2 jours au réfrigérateur, dans une boîte hermétique. Laissez-le revenir à température ambiante avant de servir.

PRÉPA / CUISSON

35 min / 40 min

ASTUCE

sans lactose, sans gluten

Un gâteau ultrarapide à préparer. Vous pouvez cuire les clémentines à l'avance. Adaptez cette recette avec n'importe quel autre agrume.

Gâteau à l'huile d'olive, clémentine & miel

Pour 10 à 12 parts

Huile pour le moule
380 g de clémentines
5 œufs légèrement battus
125 g de miel
50 ml d'huile d'olive
150 g de poudre d'amandes
100 g de fécule de maïs
100 g de polenta
1 c. à c. de poudre à lever sans gluten
1 c. à s. de sucre glace d'érythritol

Préchauffez le four à 160 °C. Huilez et chemisez de papier cuisson un moule de 24 cm de diamètre. Placez les clémentines entières dans une casserole et couvrez-les d'eau. Portez à ébullition et laissez frémir 25 minutes sur feu doux. Égouttez. Une fois les clémentines suffisamment refroidies, coupez-les en deux, retirez les éventuels pépins et mixez-les avec leur écorce dans un blender ou le bol hachoir d'un robot jusqu'à l'obtention d'une purée lisse.

Ajoutez les œufs, le miel et l'huile d'olive, et mixez. Ajoutez la poudre d'amandes, la fécule de maïs, la polenta, la poudre à lever et mixez sans trop insister. Versez la pâte dans le moule, lissez la surface et enfournez 40 minutes. Plantez la lame d'un couteau au centre du gâteau : elle doit ressortir propre. Laissez refroidir le gâteau dans le moule puis démoulez-le sur une grille. Saupoudrez la surface de sucre glace avant de servir.

Ce gâteau se conserve 2 à 4 jours au réfrigérateur, dans une boîte hermétique. Laissez-le revenir à température ambiante avant de servir.

PRÉPA / PRISE AU FROID

20 min / 1 nuit

ASTUCE

sans lactose, sans gluten, sans œufs

Un cheesecake doux et onctueux, dont la générosité est équilibrée par la fraîcheur de la mangue et l'acidité des fruits de la Passion.

Cheesecake mangue-passion

Pour 8 parts
Base pour cheesecake
(page 115)

Garniture
45 g de fruits
de la Passion (5 fruits)
300 g de mangue réduite
en purée
80 g de glaçage au cajou
(page 202)
75 ml de sirop d'érable
70 ml d'huile de coco
fondue
95 g d'amandes
concassées

Coulis
1 mangue pelée
et taillée en dés
2 fruits de la Passion

Préchauffez le four à 180 °C. Tassez la base pour cheesecake dans le fond d'un moule de 18 cm de diamètre, puis enfournez 10 minutes.

Pour la garniture, coupez les fruits de la Passion, prélevez la pulpe et déposez-la dans une casserole. Ajoutez la purée de mangue, puis laissez réduire 10 minutes sur feu doux. Laissez refroidir. Mixez le glaçage au cajou, le sirop d'érable et l'huile de coco jusqu'à l'obtention d'un mélange lisse. Incorporez délicatement le mélange à la purée mangue-passion, ajoutez la poudre d'amandes, puis versez la garniture sur la base du cheesecake. Réservez une nuit au réfrigérateur.

Pour le coulis, coupez les fruits de la Passion en deux, prélevez la pulpe et déposez-la dans un bol. Ajoutez la mangue et mixez. Versez le coulis sur le cheesecake et réservez au froid jusqu'au moment de déguster.

Ce cheesecake se conserve 1 à 2 jours au réfrigérateur, dans un récipient hermétique. Laissez-le revenir à température ambiante avant de servir.

PRÉPA / CUISSON

10 min / 45 min

ASTUCE

sans lactose, sans gluten

Utilisez le zeste de 1 orange, de 1 citron et de 1 citron vert bio, qui apporteront une touche de peps à votre gâteau. Pour faire du petit déjeuner un pur moment de plaisir.

Bundt cake coco & agrumes

Pour 10 à 12 parts
Huile pour le moule
4 œufs
200 g de sucre de fleur de palmier
325 g de brassé au lait de coco
215 ml d'huile de tournesol
135 g de farine de riz
65 g de fécule de maïs
65 g d'arrow-rot
20 g de poudre à lever sans gluten
2 c. à c. de zeste râpé de citron
2 c. à c. de zeste râpé d'orange
2 c. à c. de zeste râpé de citron vert
Sucre glace d'érythritol

Préchauffez le four à 175 °C. Huilez et chemisez de papier cuisson un moule à bundt cake de 23 cm de diamètre. Battez les œufs avec le sucre de fleur de palmier jusqu'à ce que le mélange blanchisse. Ajoutez le brassé au lait de coco, l'huile et mélangez. Tamisez la farine, la fécule de maïs, l'arrow-rot et la poudre à lever. Ajoutez ce mélange aux œufs avec les zestes d'agrumes. Mélangez.

Versez la pâte dans le moule et enfournez 45 minutes. Le gâteau doit être doré et sec à l'intérieur. Retirez-le du four et laissez-le reposer 5 minutes puis démoulez-le sur une grille. Une fois complètement refroidi, saupoudrez-le de sucre glace. Servez.

Ce bundt cake se conserve 2 à 4 jours au réfrigérateur, dans un récipient hermétique. Laissez-le revenir à température ambiante avant de servir.

ALTERNATIVES À LA FARINE

La farine en pâtisserie

La farine apporte volume et structure aux gâteaux. Combinées à l'humidité et à la chaleur du four, les protéines qu'elle contient se transforment en gluten, qui participe à l'amalgame des différents ingrédients.

Les alternatives

De nos jours, plusieurs farines oubliées sont redécouvertes. Grâce à leur goût naturellement doux, l'ajout de sucre peut être réduit.

Farine blanche — 340 kcal

Pour 100 g

- 1,2 g de matière grasse
- 70 g de glucides
- 10,4 g de protéines

Farine d'avoine — 400 kcal

Pour 100 g

- 6,7 g de matière grasse
- 73 g de glucides
- 13 g de protéines

Farine d'amande — 590 kcal

Pour 100 g

- 52 g de matière grasse
- 18,7 g de glucides
- 21,4 g de protéines

Polenta
356 kcal
Pour 100 g

- 13 g de matière grasse
- 67 g de glucides
- 7 g de protéines

Farine de sarrasin
349 kcal
Pour 100 g

- 2,1 g de matière grasse
- 68 g de glucides
- 13 g de protéines

Farine de coco
352 kcal
Pour 100 g

- 12 g de matière grasse
- 16 g de glucides
- 18 g de protéines

Farine de riz blanc
366 kcal
Pour 100 g

- 1,4 g de matière grasse
- 80 g de glucides
- 6 g de protéines

Farine de quinoa
356 kcal
Pour 100 g

- 7 g de matière grasse
- 64,3 g de glucides
- 13,7 g de protéines

Farine de sorgho
359 kcal
Pour 100 g

- 3,3 g de matière grasse
- 77 g de glucides
- 8,4 g de protéines

Les farines sans gluten

Apprendre à cuisiner sans gluten peut sembler compliqué, au départ. L'astuce ? Combiner farines et fécules afin d'obtenir la consistance idéale.

les farines légères (fécules)

- Obtenue à partir plusieurs rhizomes, l'arrow-rot est particulièrement digeste.
- La fécule de maïs est une fine poudre blanche, obtenue par mouture des grains de maïs.
- La fécule de pomme de terre apporte du moelleux à la pâte.
- La gomme xanthane est issue de la fermentation du sucrose, du glucose et du lactose dont les résidus, séchés, sont réduits en poudre. Un produit très utile dans les préparations sans œufs.
- La poudre à lever et le bicarbonate de soude font partie des agents levants et des aides à la pâtisserie. Ils permettent d'obtenir des gâteaux légers et bien gonflés. Ces produits ne sont pas interchangeables.

les farines moyennes (nutritives)

- Issue d'une plante graminée, la farine de millet possède un goût poudré et noiseté. Sa teneur en protéines est proche de celle de la farine de blé complète.
- La farine d'avoine est riche en vitamines et en fibres. Elle donne bon goût à la pâte, et possède une action levante. On l'utilise seule ou combinée à d'autres farines.
- Malgré son goût très prononcé, la farine de quinoa se classe parmi les meilleures farines moyennes. On l'utilise seule, ou combinée à d'autres farines. Elle est riche en minéraux et vitamines, et permet d'obtenir une excellente consistance des gâteaux.
- La farine de sorgho donne aux gâteaux une légèreté très proche de la farine de blé. Elle permet de réaliser des gâteaux moelleux.
- Légère et presque dépourvue de goût, la farine de riz donne d'excellents résultats en pâtisserie. On l'utilise souvent, mélangée à d'autres farines.
- Obtenue grâce à la mouture des grains de maïs séchés, la polenta possède une belle couleur jaune, et donne aux gâteaux une texture légèrement granuleuse.

les farines denses (compactes et nutritives)

- Réduits en poudre, les oléagineux tels que l'amande donnent des farines qui apportent aux gâteaux un bon goût de beurre, de la matière grasse et du moelleux.
- La farine d'amarante est obtenue par mouture des graines de l'arbuste du même nom. Elle est plus dense et nutritive que la plupart des farines.
- La farine de riz complet est comparable à la farine de blé complet. Très nourrissante et intéressante en pâtisserie, on l'utilise finement moulue, afin d'éviter un résultat granuleux. Son petit goût de noisette est délicieux.
- La farine de sarrasin, ou blé noir, possède un goût prononcé de noisette, et donne aux gâteaux une belle couleur gris brun. Elle est très dense et nutritive.
- La farine de coco est obtenue à partir de la chair de noix de coco séchée, dégraissée et broyée. Très riche en fibres, son goût est peu prononcé. On l'utilise en petite quantité car son pouvoir absorbant est très fort.
- La farine de teff provient de la plante du même nom et possède un goût unique. Malgré sa finesse, elle donne aux gâteaux une consistance très dense ; on ne l'utilise qu'en petites quantités.

Combiner les farines

Plus les farines seront nombreuses dans une recette, meilleur sera le résultat. Testez différentes combinaisons afin de trouver celle qui vous convient le mieux. Chaque farine possède ses propres caractéristiques : commencez par les utiliser dans les mêmes proportions que la farine de blé, pour modifier ensuite les quantités ou le type de farine utilisée, si nécessaire.

LES MÉLANGES DE FARINES

mélange n° 1									
1 ou 2 farines légères : 25 % de fécule de maïs et 25 % d'arrow-rot	+	1 farine moyenne : 50 % de farine de riz blanc	+	-	→	la manière la plus simple de remplacer la farine de blé	→	↑	
mélange n° 2									
1 ou 2 farines légères : 20 % de fécule de pomme de terre et 20 % d'arrow-rot	+	2 farines moyennes : 30 % de farine de sorgho et 30 % de farine de riz blanc	+	-	→	parfait pour une pâte moelleuse et aérienne	→	Mélangez tous les ingrédients dans un grand bol. Conservez le mélange dans un récipient hermétique, dans un placard situé dans une partie fraîche de la cuisine (page 114).	
mélange n° 3									
1 ou 2 farines légères : 30 % de fécule de maïs et 10 % de fécule de pomme de terre	+	1 farine moyenne : 30 % de farine de quinoa	+	1 farine dense : 30 % de farine de riz complet	→	un résultat très nutritif, riche en fibres ; fonctionne avec le chocolat, les épices, les raisins et autres fruits secs	→		
mélange n° 4									
1 ou 2 farines légères : 25 % de fécule de maïs	+	1 farine moyenne : 50 % de polenta	+	1 farine dense : 25 % de poudre d'amandes	→	pour une pâte fondante, au goût noiseté.	→	↓	

PRÉPARER UN MÉLANGE DE FARINES SANS GLUTEN

ASTUCE

sans lactose, sans gluten, sans œufs

Les farines alternatives possèdent un goût et des parfums uniques, que vous retrouverez dans vos préparations. Ce mélange particulier donne aux gâteaux une belle consistance et une bonne tenue.

Pour 1 kg

PRÉPA 5 minutes

300 g de farine de sorgho
300 g de farine de riz blanc
200 g de fécule de pomme de terre
200 g d'arrow-rot

01 Pesez les différentes farines.

02 Mélangez toutes les farines dans un grand bol.

03 Conservez le mélange dans un récipient hermétique, dans un endroit sec, à l'abri de la lumière.

04 Avant utilisation, secouez le récipient pour éviter que la farine ne reste agglomérée.

PRÉPARER UNE BASE POUR CHEESECAKE

ASTUCE

sans lactose, sans gluten, sans œufs

Une excellente alternative à la base de cheesecake classique très sucrée, cette recette regorge de saveurs naturelles, d'antioxydants, de fibres, de protéines et de bonnes graisses.

Pour 1 moule de 20 cm de diamètre ou 8 petits
PRÉPA / CUISSON
10 min / 12 min

60 g d'amandes entières
80 g de farine d'avoine
40 g de sucre de coco
1 pincée de sel

30 ml d'huile de coco, fondue
20 ml de sirop d'érable
20 g de noix de coco râpée

01 Préchauffez le four à 180 °C. Faites griller les amandes 5 minutes sur une plaque. Placez-les dans le bol d'un robot avec la farine d'avoine, le sucre de coco et le sel.

02 Broyez finement les amandes. Ajoutez les ingrédients humides et mixez de nouveau, en vous arrêtant pour racler les parois du bol. Incorporez la noix de coco râpée.

03 Versez la pâte dans le moule chemisé de papier cuisson et tassez-la avec le fond d'un verre.

04 Enfournez 12 minutes. La base du cheesecake doit être légèrement colorée. Laissez refroidir.

PRÉPA / CUISSON

10 min / 35 min

ASTUCE

sans gluten

Ce gâteau peut être nappé de glaçage au cajou ou saupoudré de sucre glace d'érythritol. Ne vous fiez pas au goût sucré des myrtilles : elles sont un concentré d'antioxydants, de fibres et de phytonutriments.

Bundt cake aux myrtilles

Pour 10 à 12 parts

125 ml d'huile de tournesol + pour le moule
100 g de farine de teff + pour le moule
3 œufs
120 ml de sirop d'érable
Les graines de 1 gousse de vanille (page 21)
100 g de farine de quinoa
50 g de farine de riz
3 c. à c. de poudre à lever sans gluten
60 ml de lait
100 g de myrtilles

Glaçage

1 c. à s. de poudre de betterave
1 c. à s. de poudre de myrtille
Glaçage au cajou (page 202)

Préchauffez le four à 180 °C. Huilez et farinez légèrement un moule à bundt cake de 23 cm de diamètre. Dans un grand bol, battez les œufs, le sirop d'érable et la vanille. Ajoutez progressivement l'huile, tout en continuant de battre. Mélangez les farines, la poudre à lever, puis ajoutez les œufs et le lait, en alternant, sans cesser de remuer. Incorporez délicatement les myrtilles.

Versez la pâte dans le moule et enfournez 35 minutes. Plantez la lame d'un couteau au centre du gâteau : elle doit ressortir propre. Laissez reposer 10 minutes puis démoulez sur une grille. Une fois le gâteau refroidi, mélangez les poudres de betterave et de myrtille au glaçage avant de l'étaler. Servez.

Ce bundt cake se conserve 2 à 4 jours au réfrigérateur, dans un récipient hermétique. Laissez-le revenir à température ambiante avant de servir.

PRÉPA / CUISSON

20 min / 18 min

ASTUCE

sans gluten

En Italie, la farine de châtaigne se déguste depuis des siècles comme une douceur : déposez-en 1 pincée sur la langue, vous aurez l'impression d'avoir en bouche un morceau de châtaigne fondant et sucré.

Minicakes à la carotte

Pour 8 minicakes

Huile pour le moule
60 g de farine de riz + pour le moule
100 g de farine de châtaigne
60 g de fécule de maïs
1 c. à c. de poudre à lever sans gluten
4 œufs, blancs et jaunes séparés
200 g de sucre de coco
260 g de carottes râpées
40 g de farine d'amande
1 c. à c. de cannelle
Les graines de 1 gousse de vanille (page 21)
60 g de noix de coco râpée
1 c. à c. de gingembre moulu
250 g de yaourt à la grecque
1 c. à s. de zeste de citron taillé en fine julienne

Préchauffez le four à 180 °C. Huilez et farinez les alvéoles d'une plaque pour 8 minicakes. Mélangez les farines, la fécule de maïs et la poudre à lever. Battez les jaunes d'œufs et le sucre de coco. Incorporez le reste des ingrédients.

Dans un bol, montez les blancs d'œufs en neige ferme puis incorporez-les délicatement à la pâte. Versez la pâte dans les moules et enfournez 18 minutes. Plantez la lame d'un couteau au centre d'un gâteau : elle doit ressortir propre. Laissez reposer les cakes 5 minutes puis démoulez-les sur une grille. Une fois complètement refroidis, servez-les avec du yaourt à la grecque, décorez de zeste de citron.

Ces minicakes se conservent 2 à 4 jours au réfrigérateur, dans un récipient hermétique. Laissez-le revenir à température ambiante avant de servir.

PRÉPA / CUISSON

10 min / 40 min

ASTUCE

sans gluten

Le gâteau traditionnel venu d'Allemagne. Une pâte bien gonflée, à l'intérieur de laquelle cuisent les lamelles de pomme. Le dessert parfait pour vos repas de tous les jours.

Gâteau aux pommes

Pour 10 parts

120 g de beurre ramolli
+ beurre pour le moule
4 œufs, blancs et jaunes séparés
150 g de sucre de coco
1 c. à c. d'extrait de vanille
250 g de farine de riz
Le zeste râpé de 1 citron
2 c. à c. de poudre à lever sans gluten
150 ml de lait
3 pommes coupées en fines tranches
1 c. à s. de miel
1 c. à c. de cannelle
Crème fouettée au lait de coco (page 196), pour servir

Préchauffez le four à 180 °C. Beurrez et chemisez de papier cuisson un moule à charnière de 20 cm de diamètre. Battez les jaunes d'œufs, le beurre, le sucre de coco et l'extrait de vanille. Ajoutez la farine de riz, le zeste de citron, la poudre à lever, le lait, et mélangez au fouet. Dans un bol, montez les blancs en neige ferme puis incorporez-les délicatement à la pâte.

Versez la pâte dans le moule. Disposez les tranches de pomme à la surface. Enfournez 40 minutes. Plantez la lame d'un couteau au centre du gâteau : elle doit ressortir propre. Laissez le gâteau reposer 10 minutes, puis démoulez-le sur une grille. Badigeonnez la surface de miel et saupoudrez de cannelle. Servez avec de la crème fouettée au lait de coco.

Ce gâteau se conserve 2 à 4 jours au réfrigérateur, dans un récipient hermétique. Laissez-le revenir à température ambiante avant de servir.

PRÉPA / CUISSON

10 min / 15 min

ASTUCE

sans gluten

Le goût puissant de la farine de sarrasin est équilibré par des saveurs terreuses, ici le chocolat.

Cupcakes au chocolat

Pour 10 cupcakes
50 g de cacao cru en poudre + pour saupoudrer
120 ml d'eau bouillante
175 g de beurre ramolli
1 c. à c. d'extrait de vanille
100 g de sucre de coco
3 œufs légèrement battus
100 g de farine de sarrasin
1 c. à c. de poudre à lever sans gluten
½ c. à c. de gomme xanthane
Crème Chantilly (page 198)

Préchauffez le four à 180 °C. Chemisez de caissettes en papier les 12 alvéoles d'une plaque à muffins. Dans un bol, tamisez le cacao en poudre, versez l'eau bouillante et mélangez jusqu'à l'obtention d'une pâte épaisse. Battez le beurre, la vanille et le sucre de coco afin d'obtenir une crème légère, puis ajoutez les œufs petit à petit. Incorporez la farine, la poudre à lever, la gomme xanthane et la pâte au cacao. Mélangez au fouet.

Répartissez la pâte dans les moules en enfournez 15 minutes. Les cupcakes doivent être bien gonflés et souples au toucher. Laissez-les refroidir sur une grille. Décorez-les de crème Chantilly et saupoudrez-les de cacao cru avant de servir.

Ces cupcakes se conservent 2 à 4 jours au réfrigérateur, dans un récipient hermétique. Laissez-les revenir à température ambiante avant de servir.

PRÉPA / CUISSON

10 min / 25 min

ASTUCE

sans gluten

Ne vous privez plus de ce classique simplement parce que vous ne mangez pas de gluten. Une recette facile, à déguster avec votre confiture préférée et un peu de sucre glace.

Victoria sponge cake

Pour 10 à 12 parts
Huile pour le moule
4 œufs légèrement battus
Les graines de 1 gousse de vanille (page 21)
2 c. à s. de boisson végétale au riz
250 g de beurre ramolli
100 g de sucre de fleur de palmier
130 g de farine de riz
60 g de fécule de maïs
60 g d'arrow-rot
2 c. à c. de poudre à lever sans gluten
1 c. à s. de sucre glace d'érythritol

Garniture
250 ml de crème liquide
1 c. à c. d'extrait de vanille
1 c. à c. de fécule de maïs
Confiture de fruits rouges à la vanille (page 208)

Préchauffez le four à 180 °C. Huilez et chemisez de papier cuisson 2 moules à charnière de 20 cm de diamètre. Mélangez les œufs, la vanille et la boisson au riz. Battez le beurre avec le sucre de fleur de palmier jusqu'à l'obtention d'une crème légère, puis incorporez petit à petit le mélange à base d'œufs. Mélangez la farine, la fécule de maïs, l'arrow-rot et la poudre à lever, puis incorporez-les à la pâte, en remuant sans trop insister.

Répartissez la pâte dans les 2 moules et enfournez 25 minutes. Plantez la lame d'un couteau au centre du gâteau : elle doit ressortir propre. Laissez refroidir dans les moules puis démoulez sur une grille.

Une fois les gâteaux complètement refroidis, montez au batteur la crème avec la vanille et la fécule de maïs. Posez le premier gâteau sur un plat de service, étalez dessus une couche de confiture, puis une couche de crème. Déposez par-dessus le second gâteau, et pressez légèrement pour le coller. Saupoudrez de sucre glace.

Ce sponge cake se conserve 1 à 2 jours au réfrigérateur, dans un récipient hermétique. Laissez-le revenir à température ambiante avant de servir.

PRÉPA / CUISSON

15 min / 40 min

ASTUCE

sans lactose, sans gluten

Les framboises révèlent tout leur parfum dans ce gâteau, en plus de lui apporter une consistance parfaite et une belle touche de couleur. Si ce n'est pas la saison, utilisez des framboises surgelées.

Cake framboise-banane

Pour 8 à 10 parts

Huile pour le moule
3 œufs légèrement battus
120 g de sucre de fleur de palmier
350 g de banane écrasée
125 ml d'huile de tournesol
125 ml de lait d'amande
105 g de farine de quinoa
105 g de farine de riz complet
105 g de fécule de maïs
35 g de fécule de pomme de terre
2 c. à c. de poudre à lever sans gluten
200 g de framboises

Pour décorer

2 c. à s. de confiture de fruits rouges à la vanille (page 208)
50 g de framboises
1 c. à s. de noix de coco râpée

Préchauffez le four à 180 °C. Huilez et chemisez de papier cuisson un moule à cake. Battez les œufs et le sucre de fleur de palmier, puis ajoutez la banane, l'huile et le lait d'amande. Mélangez tous les ingrédients secs et formez un puits au centre. Versez à l'intérieur le mélange à base d'œufs et remuez. Incorporez les framboises délicatement.

Versez la pâte dans le moule et enfournez 40 minutes. Plantez la lame d'un couteau au centre du gâteau : elle doit ressortir propre. Laissez reposer 5 minutes dans le moule puis démoulez le cake sur une grille. Une fois complètement refroidi, badigeonnez le dessus de confiture et décorez de framboises fraîches et de noix de coco râpée avant de servir.

Ce cake se conserve 1 à 2 jours au réfrigérateur, dans un récipient hermétique. Laissez-le revenir à température ambiante avant de servir.

PRÉPA / CUISSON

40 min / 35 min

ASTUCE

sans lactose, sans gluten

Un gâteau incroyablement moelleux, au bon goût de marmelade. Parfait pour les amateurs d'amertume et de parfums subtils.

Gâteau à l'orange

Pour 10 à 12 parts

2 grosses oranges, coupées grossièrement
Huile pour le moule
5 œufs, blancs et jaunes séparés
100 g de sucre de fleur de palmier
50 ml de sirop d'érable
150 g de polenta
150 g de poudre d'amandes
2 c. à c. de poudre à lever sans gluten

Glaçage

2 c. à s. de sucre glace d'érythritol
1 c. à s. de jus de citron

Placez les oranges dans une casserole, couvrez d'eau et laissez frémir pendant 20 minutes. Laissez refroidir. Préchauffez le four à 180 °C. Huilez un moule à bundt cake de 23 cm de diamètre. Dans un blender, réduisez les oranges en une fine purée.

Battez les jaunes d'œufs avec le sucre de fleur de palmier jusqu'à ce que le mélange épaississe, puis ajoutez la purée d'orange et le sirop d'érable. Ajoutez petit à petit la polenta et la poudre d'amandes. Dans un autre bol, montez les blancs d'œufs en neige ferme. Ajoutez 3 cuillerées à soupe de blancs montés à la pâte afin de la détendre, puis incorporez délicatement le reste des blancs.

Versez la pâte dans le moule et enfournez 35 minutes. Plantez la lame d'un couteau au centre du gâteau : elle doit ressortir propre. Retirez le gâteau du four et laissez-le reposer 10 minutes. Démoulez sur une grille et laissez refroidir. Mélangez le sucre glace et le jus de citron, et étalez la pâte obtenue sur le gâteau avant de servir.

Ce gâteau se conserve 2 à 4 jours au réfrigérateur, dans un récipient hermétique. Laissez-le revenir à température ambiante avant de servir.

PRÉPA / CUISSON

15 min / 25 min

ASTUCE

sans gluten

Une très bonne recette, qui vous fera profiter des bienfaits de la betterave, des dattes et du cacao, riches en antioxydants aux propriétés anti-cancer, en fibres, magnésium et vitamine C.

Petits cakes betterave-cacao

Pour 4 petits cakes
60 ml d'huile de tournesol + pour le moule
110 g de farine de riz
85 g de fécule de maïs
85 g d'arrow-rot
70 g de farine de sarrasin
25 g de cacao cru en poudre
3 c. à c. de poudre à lever sans gluten
55 g de pâte de dattes (page 20)
3 œufs légèrement battus
350 g de banane écrasée
230 g de betteraves cuites, réduites en purée
120 ml de sirop d'érable

Pour servir
Yaourt à la grecque
Prunes caramélisées (page 204)

Préchauffez le four à 180 °C. Huilez 4 petits moules à cake. Tamisez tous les ingrédients secs puis incorporez tous les autres ingrédients. Versez la pâte dans les moules et enfournez 25 minutes. Plantez la lame d'un couteau au centre du gâteau : elle doit ressortir propre. Laissez reposer les cakes 5 minutes dans les moules puis démoulez-les sur une grille. Servez avec du yaourt et des prunes caramélisées, selon vos goûts.

Ces petits cakes se conservent 2 à 4 jours au réfrigérateur, dans un récipient hermétique. Laissez-les revenir à température ambiante avant de servir.

PRÉPA / CUISSON

10 min / 45 min

ASTUCE

sans lactose, sans gluten

Un cake riche en fibres, en vitamines et en minéraux, sublimé par les figues rôties. Ce fruit aux multiples bienfaits, aussi bien utilisé en cuisine qu'en pâtisserie, apporte ici de belles notes sucrées.

Cake figue-cannelle

Pour 8 à 10 parts
170 g de farine de riz
85 g de fécule de maïs
85 g d'arrow-rot
2 c. à c. de poudre à lever sans gluten
1 c. à c. de cannelle
120 ml de sirop d'érable + pour badigeonner
3 œufs légèrement battus
350 g de bananes écrasées
60 ml d'huile de tournesol + pour le moule
7 figues : 4 coupées en morceaux et 3 coupées en deux

Préchauffez le four à 180 °C. Huilez et chemisez de papier cuisson un moule à cake. Tamisez la farine et les fécules, la poudre à lever et la cannelle. Mélangez tous les autres ingrédients, à l'exception des moitiés de figue. Incorporez le mélange aux ingrédients secs, puis versez la pâte dans le moule à cake.

Déposez délicatement les figues coupées en deux à la surface de la pâte, puis enfournez 45 minutes. Plantez la lame d'un couteau au centre du gâteau : elle doit ressortir propre. Laissez le cake reposer 5 minutes, puis démoulez-le sur une grille. Une fois complètement refroidi, badigeonnez-le de sirop d'érable avant de servir.

Ce cake se conserve 2 à 4 jours au réfrigérateur, dans un récipient hermétique. Laissez-le revenir à température ambiante avant de servir.

PRÉPA / CUISSON

40 min / 25 min

ASTUCE

sans gluten

De délicieux petits fudge cakes tout légers. Servis avec des figues fraîches et des pistaches concassées, ils impressionneront à coup sûr vos invités.

Fudge cakes chocolat-sarrasin

Pour 10 petits cakes
Huile pour le moule
100 g de pruneaux dénoyautés
200 g de beurre ramolli
100 g de sucre de coco
2 œufs
1 c. à c. d'extrait de vanille
100 g de chocolat à 70 %, fondu
50 g de pâte de dattes (page 20)
100 g de farine de sarrasin
50 g de cacao cru en poudre
50 g de fécule de maïs
2 c. à c. de poudre à lever sans gluten

Pour décorer
Sauce cacao (page 220)
4 figues en tranches
1 c. à s. de pistaches concassées

Préchauffez le four à 170 °C. Huilez 10 moules à gâteau individuels (ou procédez en plusieurs fournées). Faites tremper les pruneaux 30 minutes dans 100 ml d'eau bouillante. Dans le bol hachoir d'un robot ou un blender, mixez le beurre, le sucre de coco et les pruneaux réhydratés avec leur eau de trempage. Ajoutez les œufs, la vanille et mixez de nouveau jusqu'à l'obtention d'un mélange homogène. Ajoutez le chocolat fondu et la pâte de dattes. Mixez. Ajoutez les ingrédients secs et mixez une dernière fois afin d'obtenir une pâte lisse.

Versez la pâte dans les moules et lissez la surface à l'aide d'une spatule. Enfournez 25 minutes. La pâte doit être cuite sur le dessus, mais le cœur doit rester fondant : la pointe d'un couteau insérée au milieu ne ressortira pas propre. Laissez refroidir dans les moules. Décorez les gâteaux de sauce cacao, de tranches de figue et de pistaches concassées.

Ces cakes se conservent 2 à 4 jours au réfrigérateur, dans un récipient hermétique. Laissez-les revenir à température ambiante avant de servir.

PRÉPA / CUISSON

10 min / 55 min

ASTUCE

sans lactose, sans gluten

La mangue et la noix de coco : une association merveilleuse. Choisissez des mangues bien mûres afin d'éviter un résultat trop acide.

Cake mangue-coco

Pour 8 à 10 parts

Huile pour le moule
90 g de farine de sorgho
90 g de farine de riz
45 g de fécule de maïs
45 g d'arrow-rot
2 c. à c. de poudre à lever sans gluten
50 g de sucre de fleur de palmier
40 g de noix de coco râpée
3 œufs légèrement battus
80 ml de sirop d'érable
320 g de banane écrasée
200 g de mangue coupée grossièrement
1 c. à c. d'extrait de vanille
60 ml d'huile de coco
Curd à la mangue (page 212)

Préchauffez le four à 180 °C. Huilez et chemisez de papier cuisson un moule à cake. Tamisez tous les ingrédients secs puis mélangez-les aux autres ingrédients. Versez la pâte obtenue dans le moule et enfournez 55 minutes. Plantez la lame d'un couteau au centre du gâteau : elle doit ressortir propre. Laissez reposer 5 minutes, puis démoulez le cake sur une grille. Servez avec du curd à la mangue.

Ce cake se conserve 2 à 4 jours au réfrigérateur, dans un récipient hermétique. Laissez-le revenir à température ambiante avant de servir.

PRÉPA / CUISSON

10 min / 55 min

ASTUCE

sans lactose, sans gluten

Considérée comme une céréale ancienne, l'amarante possède de nombreux bienfaits pour la santé. Son goût très doux laisse ressortir des notes de noisette et de grillé.

Gâteau à l'amarante, chocolat & cerises griottes

Pour 10 à 12 parts

200 ml d'huile de tournesol + pour le moule
5 œufs
1 c. à c. d'extrait de vanille
150 g de sucre de coco
175 g d'amarante
75 g de fécule de maïs
150 g de poudre d'amandes
5 c. à c. de poudre à lever sans gluten
175 ml de lait de coco
100 g de chocolat sans lait (page 80), haché grossièrement
200 g de cerises griottes décongelées
Sauce cacao (page 220)

Préchauffez le four à 180 °C. Huilez et farinez légèrement un moule à bundt cake de 23 cm de diamètre. Battez les œufs, l'extrait de vanille et le sucre de coco jusqu'à l'obtention d'une crème lisse. Ajoutez l'huile tout en continuant de fouetter. Mélangez tous les ingrédients secs, puis ajoutez-les en plusieurs fois à la préparation à base d'œufs, en alternant avec le lait de coco.

Incorporez délicatement le chocolat et les griottes. Versez la pâte dans le moule et enfournez 55 minutes. Plantez la lame d'un couteau au centre du gâteau : elle doit ressortir propre. Laissez reposer 10 minutes puis démoulez sur une grille. Une fois le cake complètement refroidi, versez dessus la sauce cacao. Servez.

Ce bundt cake se conserve 2 à 4 jours au réfrigérateur, dans un récipient hermétique. Laissez-le revenir à température ambiante avant de servir.

PRÉPA / CUISSON

10 min / 25 min

ASTUCE

sans gluten

La version individuelle d'un classique, dans laquelle est ajoutée de l'eau de fleur d'oranger. Résultat : de petits gâteaux parfumés et moelleux, décorés de tranches d'agrumes pour une note finale sucrée.

Petits gâteaux de polenta à la fleur d'oranger

Pour 8 petits gâteaux

200 g de beurre ramolli + pour le moule
1 c. à s. de zeste d'orange
1 c. à s. d'eau de fleur d'oranger
100 g de sucre de fleur de palmier
3 œufs
1 ½ c. à c. de poudre à lever sans gluten
50 g de fécule de maïs
100 g de polenta
100 g de farine d'amande
Le jus de 2 oranges
100 ml de lait
2 c. à s. de sirop d'érable
Agrumes glacés au sirop d'érable (page 214)

Préchauffez le four à 170 °C. Beurrez 8 alvéoles d'une plaque pour 12 petits gâteaux. Battez le beurre, le zeste d'orange, l'eau de fleur d'oranger et le sucre de fleur de palmier jusqu'à l'obtention d'un mélange crémeux. Ajoutez petit à petit les œufs, tout en continuant de battre. Tamisez la poudre à lever et la fécule de maïs dans un bol, puis ajoutez la polenta, la farine d'amande, et mélangez. Ajoutez ces ingrédients secs au mélange à base de beurre, puis le jus d'orange et le lait. Mélangez et versez la pâte dans les moules.

Enfournez 25 minutes. Plantez la lame d'un couteau au centre d'un gâteau : elle doit ressortir propre. Arrosez les petits gâteaux de sirop d'érable, puis déposez dessus des tranches d'agrumes glacés avant de servir.

Ces petits gâteaux se conservent 2 à 4 jours au réfrigérateur, dans un récipient hermétique. Laissez-les revenir à température ambiante avant de servir.

PRÉPA / CUISSON

10 min / 18 min

ASTUCE

sans lactose, sans gluten

Il vous suffira de creuser légèrement le cœur des gâteaux pour les fourrer de confiture. Une belle surprise au moment de déguster !

Bouchées sarrasin-fruits rouges

Pour 18 bouchées
20 ml d'huile de tournesol + pour les moules
7 œufs, blancs et jaunes séparés
150 g de sucre de coco
200 g de farine de sarrasin
150 g de poudre d'amandes
1 c. à c. de poudre à lever sans gluten
300 g de confiture de fruits rouges à la vanille (page 208)
1 c. à s. de sucre glace d'érythritol

Préchauffez le four à 180 °C. Huilez les alvéoles d'une plaque pour 12 minigâteaux (procédez en 2 fournées). Battez les jaunes d'œufs avec le sucre de coco puis, sans cesser de battre, ajoutez l'huile progressivement. Mélangez la farine de sarrasin, la poudre d'amandes, la poudre à lever, puis ajoutez ce mélange à la préparation à base d'œufs. Montez les blancs en neige ferme puis incorporez-les délicatement à la pâte.

Versez la pâte dans les moules et enfournez 18 minutes. Plantez la lame d'un couteau au centre du gâteau : elle doit ressortir propre. Laissez reposer 10 minutes puis démoulez sur une grille. À l'aide d'un vide-pomme, prélevez le cœur de chaque gâteau pour les fourrer de confiture. Saupoudrez de sucre glace avant de servir.

Ces bouchées se conservent 2 à 4 jours au réfrigérateur, dans un récipient hermétique. Laissez-les revenir à température ambiante avant de servir.

PRÉPA / CUISSON

10 min / 1 h

ASTUCE

sans gluten

Le classique marbré, qui accompagnera à merveille un thé. Les petits morceaux d'abricot apportent une touche supplémentaire de gourmandise.

Marbré chocolat & abricot

Pour 8 à 10 parts
250 g de beurre + pour le moule
60 g de sucre de fleur de palmier
65 ml de miel
4 œufs légèrement battus
50 ml de sirop d'érable
110 g de farine de riz
55 g de fécule de maïs
55 g d'arrow-rot
1 ½ c. à c. de poudre à lever sans gluten
½ c. à c. de gomme xanthane
2 c. à s. de cacao cru en poudre
50 g d'abricots secs finement hachés

Préchauffez le four à 180 °C. Beurrez et chemisez de papier cuisson un moule à cake. Battez le beurre, le sucre de fleur de palmier et le miel jusqu'à l'obtention d'une crème aérée. Ajoutez les œufs petit à petit, en battant bien à chaque fois. Ajoutez le sirop d'érable. Tamisez la farine, la fécule de maïs, l'arrow-rot, la poudre à lever et la gomme xanthane. Mélangez.

Divisez la pâte dans 2 bols. Dans le premier, ajoutez le cacao et dans le second, les morceaux d'abricot. Mélangez. Versez la pâte au cacao dans le moule, puis celle à l'abricot. Mélangez délicatement à l'aide d'une spatule, de manière à conserver de larges marbrures. Enfournez 1 heure. Plantez la lame d'un couteau au centre du gâteau : elle doit ressortir propre. Laissez le marbré reposer 10 minutes puis démoulez-le sur une grille.

Ce gâteau se conserve 2 à 4 jours au réfrigérateur, dans un récipient hermétique. Laissez-le revenir à température ambiante avant de servir.

PRÉPA / CUISSON

10 min / 35 min

ASTUCE

sans gluten

Le gâteau traditionnel italien de l'île de Capri. Sans farine, il se prépare avec de la poudre d'amandes. Un choix parfait pour un dessert sans gluten.

Torta caprese

Pour 10 parts

125 g de beurre + pour le moule
150 g de chocolat noir, haché grossièrement
3 œufs, blancs et jaunes séparés
100 g de sucre de fleur de palmier
185 g de poudre d'amandes
1 c. à s. de cacao cru en poudre

Préchauffez le four à 170 °C. Beurrez et chemisez de papier cuisson un moule à charnière de 20 cm de diamètre. Faites fondre le chocolat et le beurre au bain-marie (veillez à ce que le fond du bol n'entre pas en contact avec l'eau). Battez les jaunes d'œufs avec le sucre de fleur de palmier, puis ajoutez le mélange beurre-chocolat et la poudre d'amandes.

Montez les blancs en neige ferme. Incorporez-les délicatement à la pâte au chocolat. Versez la pâte dans le moule et enfournez 35 minutes : le gâteau doit être juste cuit et encore souple au toucher. Sortez-le du four et laissez-le refroidir dans le moule. Saupoudrez de cacao cru.

Ce gâteau se conserve 2 à 4 jours au réfrigérateur, dans un récipient hermétique. Laissez-le revenir à température ambiante avant de servir.

PRÉPA / CUISSON

10 min / 35 min

ASTUCE

sans gluten

Un cake à la saveur acidulée subtilement équilibré par la cardamome, dont le parfum apporte de la profondeur sans prendre le pas sur le citron.

Cake citron-cardamome

Pour 8 à 10 parts

Huile pour le moule
50 g de farine de sorgho
50 g de farine de riz
35 g de fécule de maïs
35 g de fécule de pomme de terre
1 ½ c. à c. de poudre à lever sans gluten
175 g de beurre ramolli
175 g de sucre de coco
1 c. à s. de gousses de cardamome vertes, les graines prélevées et broyées dans un mortier
Le zeste râpé et le jus de 1 citron
3 œufs légèrement battus

Glaçage

Le zeste râpé et le jus de 1 citron
1 c. à s. de sucre glace d'érythritol

Préchauffez le four à 180 °C. Huilez et chemisez de papier cuisson un moule à cake. Tamisez les farines, les fécules et la poudre à lever. Dans un autre bol, battez le beurre, le sucre de coco, les graines de cardamome broyées, le zeste et le jus de citron. Ajoutez petit à petit les œufs. Incorporez les ingrédients secs.

Versez la pâte dans le moule et enfournez 35 minutes. Plantez la lame d'un couteau au centre du gâteau : elle doit ressortir propre. Une fois le cake sorti du four, percez de petits trous à la surface avec la pointe d'un couteau. Mélangez le zeste et le jus de citron au sucre glace, et versez sur le cake, en veillant à ce que le glaçage pénètre bien dans les trous. Laissez refroidir complètement le cake dans le moule.

Ce cake se conserve 2 à 4 jours au réfrigérateur, dans un récipient hermétique. Laissez-le revenir à température ambiante avant de servir.

PRÉPA / CUISSON

20 min / 18 min

ASTUCE

sans gluten

Accordez-vous un moment de plaisir avec ces bouchées au chocolat noir et aux pruneaux. De petits gâteaux fondants qui plairont à tout le monde.

Bouchées aux amandes, pruneaux & chocolat

Pour 18 bouchées
Huile pour le moule
140 g de pruneaux dénoyautés
75 ml d'eau chaude
2 c. à c. d'extrait de vanille
150 g de chocolat sans lait (page 80), cassé en morceaux
100 g de purée d'amandes
4 œufs, blancs et jaunes séparés
80 g de sucre de fleur de palmier
2 c. à s. de sirop d'érable
125 g de poudre d'amandes
15 g de cacao cru en poudre

Préchauffez le four à 170 °C. Huilez les alvéoles d'une plaque en silicone pour 8 bouchées (procédez en plusieurs fournées). Faites tremper les pruneaux dans l'eau chaude avec la vanille pendant 5 minutes, puis mixez dans le bol hachoir d'un robot ou un blender jusqu'à l'obtention d'une pâte lisse. Faites fondre le chocolat et la purée d'amandes au bain-marie (assurez-vous que le fond du bol n'entre pas en contact avec l'eau), puis incorporez la pâte aux pruneaux.

Battez les jaunes d'œufs, le sucre de fleur de palmier et le sirop d'érable. Incorporez la préparation au chocolat, puis la poudre d'amandes. Montez les blancs en neige ferme, puis incorporez-les délicatement à la pâte. Versez la pâte dans les moules et enfournez 18 minutes. Une fois complètement refroidies, démoulez les bouchées et saupoudrez-les de cacao cru.

Ces minigâteaux se conservent 2 à 4 jours au réfrigérateur, dans un récipient hermétique. Laissez-les revenir à température ambiante avant de servir.

PRÉPA / CUISSON

10 min / 22 min

ASTUCE

sans gluten

Un gâteau tout simple, mais sublimé par l'association de la farine de quinoa aux amandes, chocolat et cerises, pour un résultat riche en protéines, bonnes graisses, fibres et minéraux.

Gâteau aux cerises & pépites de chocolat

Pour 10 parts

125 g de beurre ramolli + pour le moule
100 g de farine d'avoine
50 g de farine de quinoa
100 g de farine d'amande
3 c. à c. de poudre à lever sans gluten
1 c. à c. d'extrait de vanille
100 g de sucre de fleur de palmier
3 œufs légèrement battus
120 g de banane écrasée
100 ml de lait
100 g de cerises griottes
30 g de chocolat sans lait (page 80), grossièrement haché
1 c. à s. de sucre glace d'érythritol

Préchauffez le four à 180 °C. Beurrez et chemisez de papier cuisson un moule à manqué carré de 23 cm de côté. Tamisez les farines et la poudre à lever. Dans un autre bol, battez le beurre, l'extrait de vanille et le sucre de fleur de palmier. Ajoutez les œufs, petit à petit, puis les bananes écrasées. Incorporez progressivement les ingrédients secs, en alternant avec le lait. Incorporez délicatement les cerises et les pépites de chocolat.

Versez la pâte dans le moule et enfournez 22 minutes. Plantez la lame d'un couteau au centre du gâteau : elle doit ressortir propre. Laissez reposer le gâteau 10 minutes dans le moule puis démoulez-le sur une grille. Saupoudrez-le de sucre glace une fois complètement refroidi.

Ce gâteau se conserve 2 à 4 jours au réfrigérateur, dans un récipient hermétique. Laissez-le revenir à température ambiante avant de servir.

PRÉPA / CUISSON

30 min / 15 min

ASTUCE

sans lactose, sans gluten

Du chocolat généreux, une génoise à la farine de châtaigne et une crème légère à la noix de coco pour un gâteau roulé auquel personne ne pourra résister.

Gâteau roulé chocolat-café

Pour 10 parts

Huile pour le moule
5 œufs, blancs et jaunes séparés
135 g de sucre de coco
35 g de cacao cru en poudre
35 g de farine de châtaigne
75 g de dattes medjool dénoyautées
3 c. à s. d'expresso refroidi
Les graines de 1 gousse de vanille (page 21)
310 ml de crème de coco
½ recette de sauce cacao (page 220)
1 c. à s. de noisettes hachées

Préchauffez le four à 180 °C. Huilez et tapissez de papier cuisson une plaque à pâtisserie de 38 × 25 × 2 cm. Battez les jaunes d'œufs et le sucre 3 à 4 minutes jusqu'à l'obtention d'une crème bien aérée. Tamisez le cacao et la farine de châtaigne, incorporez-les délicatement aux œufs. Montez les blancs en neige ferme, puis incorporez-les délicatement à la pâte, en 3 fois. Versez la pâte sur la plaque et enfournez 15 minutes jusqu'à ce qu'une croûte souple se forme et que les bords commencent à se rétracter. Préparez le biscuit au roulage selon les instructions de la page 44.

Placez les dattes, le café et la vanille dans le bol hachoir d'un robot ou un blender, et mixez jusqu'à l'obtention d'une pâte fine. Ajoutez la crème de coco. Mixez de nouveau, afin d'obtenir une crème lisse. Étalez la crème sur le biscuit, puis roulez-le comme indiqué page 44. Déposez-le sur un plat de service, bord en dessous, en retirant le papier cuisson. Arrosez le gâteau roulé de sauce cacao et parsemez-le de noisettes avant de servir.

Ce roulé se conserve 1 à 2 jours au réfrigérateur, dans un récipient hermétique. Laissez-le revenir à température ambiante avant de servir.

PRÉPA / CUISSON

15 min / 35 min

ASTUCE

sans gluten

Un gâteau rustique, aussi bon que beau, à la pâte fondante et parfumée. Disposez les tranches de poire sur le dessus de manière à former un joli motif.

Gâteau aux poires & aux noix

Pour 10 parts
175 g de beurre coupé en dés + pour le moule
100 g de noix
60 g de farine d'avoine
60 g de farine de sorgho
20 g de fécule de maïs
100 g de sucre de fleur de palmier
2 œufs légèrement battus
50 g de chocolat noir grossièrement haché
4 petites poires bien mûres, tranchées

Sirop
2 c. à s. de miel
2 c. à s. d'eau

Préchauffez le four à 160 °C. Beurrez et chemisez de papier cuisson un moule à manqué carré de 23 cm de côté. Dans le bol hachoir d'un robot, réduisez les noix en poudre, puis ajoutez les farines, la fécule et le sucre de fleur de palmier. Ajoutez le beurre et mixez jusqu'à l'obtention d'une pâte friable. Ajoutez les œufs, mixez brièvement. Incorporez le chocolat.

Versez la pâte dans le moule et lissez la surface. Disposez les tranches de poire, en les enfonçant très légèrement, puis enfournez 35 minutes. La croûte du gâteau doit être ferme au toucher. Laissez reposer 10 minutes puis démoulez sur une grille.

Préparez le sirop en mélangeant le miel et l'eau. Badigeonnez-en le gâteau refroidi.

Ce gâteau se conserve 2 à 4 jours au réfrigérateur, dans un récipient hermétique. Laissez-le revenir à température ambiante avant de servir.

PRÉPA / CUISSON

30 min / 35 min

ASTUCE

sans lactose, sans gluten

Des citrons entiers – peau blanche comprise – sont utilisés pour ce gâteau très parfumé, auquel la poudre d'amandes apporte une belle densité.

Gâteau au citron à la farine de riz

Pour 10 parts

2 citrons
Huile pour le moule
6 œufs
125 g de sucre de fleur de palmier
125 g de farine de riz
125 g de poudre d'amandes
2 c. à c. de poudre à lever sans gluten
¼ de c. à c. de sel

Sirop

2 c. à s. de miel
2 c. à s. d'eau

Placez les citrons dans une casserole et recouvrez-les d'eau. Portez à ébullition, baissez le feu et poursuivez la cuisson à frémissement pendant 30 minutes. Laissez refroidir. Préchauffez le four à 180 °C. Huilez et chemisez de papier cuisson un moule de 20 cm de diamètre. Une fois les citrons refroidis, coupez-les en deux et ôtez les pépins. Placez les citrons dans le bol hachoir d'un robot ou dans un blender et mixez jusqu'à l'obtention d'une purée lisse.

Battez les œufs et le sucre de fleur de palmier jusqu'à ce que le mélange blanchisse et épaississe. Incorporez la purée de citron. Ajoutez tous les ingrédients secs et mélangez. Versez la pâte dans le moule et enfournez 35 minutes. Plantez la lame d'un couteau au centre du gâteau : elle doit ressortir propre.

Faites chauffer le miel et l'eau quelques minutes dans une petite casserole. Sortez le gâteau du four et badigeonnez la surface de sirop.

Ce gâteau se conserve 2 à 4 jours au réfrigérateur, dans un récipient hermétique. Laissez-le revenir à température ambiante avant de servir.

ALTERNATIVES AUX ŒUFS

Les œufs en pâtisserie

Les œufs apportent du moelleux et de la légèreté aux gâteaux. Ils fonctionnent comme un agent levant, en aérant la pâte, s'ils sont combinés à des ingrédients acides.

Les alternatives

Les œufs servent de liant et permettent d'obtenir des pâtes légères. Il est possible de les remplacer par des liquides ou des purées de fruits qui, tout en apportant du liant, ne prendront pas le pas sur le goût des autres ingrédients.

Œuf — **70 kcal**
Pour 1 œuf (50 g)

- 5 g de matière grasse
- 6 g de protéines
- 0,35 g de glucides
- 0 g de fibres

Graines de lin — **267 kcal**
Pour 50 g

- 21 g de matière grasse
- 15 g de glucides
- 9 g de protéines
- 14 g de fibres

Graines de chia — **243 kcal**
Pour 50 g

- 15 g de matière grasse
- 21 g de glucides
- 8,5 g de protéines
- 17 g de fibres

Gélifiant végétal en poudre — 14 kcal

Pour 15 g (1 c. à s.)

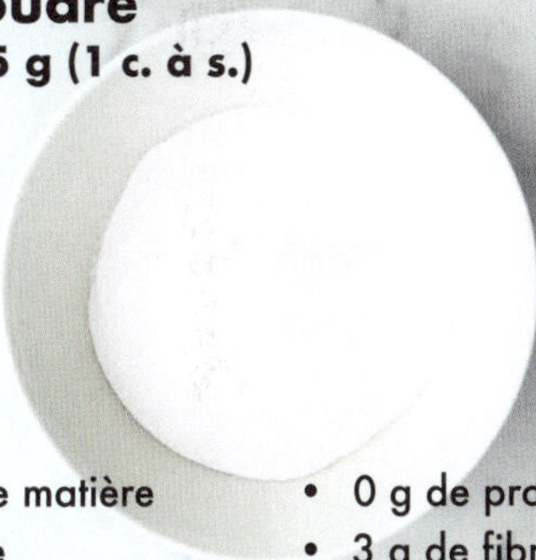

- 0 g de matière grasse
- 4 g de glucides
- 0 g de protéines
- 3 g de fibres

Vinaigre — 22 kcal

Pour 100 g

- 0 g de matière grasse
- 0,9 g de glucides
- 0 g de protéines
- 0 g de fibres

Purée d'oléagineux — 329 kcal

Pour 50 g

- 27,7 g de matière grasse
- 9,4 g de glucides
- 10 g de protéines
- 2,1 g de fibres

Arrow-rot (fécule de marante) — 178 kcal

Pour 50 g

- 0,05 g de matière grasse
- 44 g de glucides
- 0,15 g de protéines
- 1,7 g de fibres

Fécule de pomme de terre — 178 kcal

Pour 50 g

- 0,15 g de matière grasse
- 41 g de glucides
- 3,4 g de protéines
- 2,95 g de fibres

Yaourt — 34 kcal

Pour 50 g

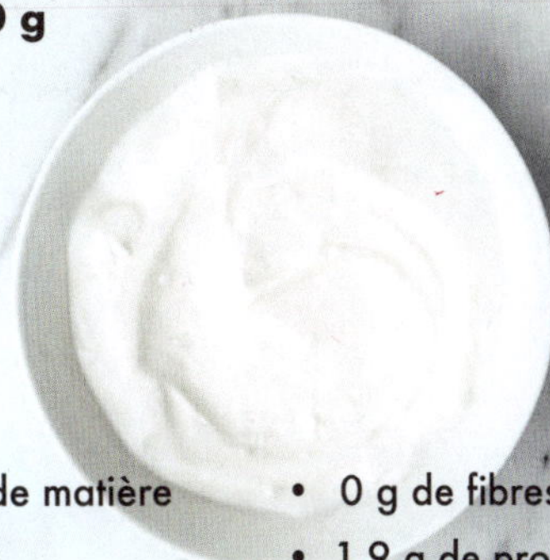

- 1,7 g de matière grasse
- 1,8 g de glucides
- 0 g de fibres
- 1,9 g de protéines

Par quoi remplacer

alternatives aux œufs	emploi	remarques

graines de lin

1 œuf = 1 c. à s. de graines de lin + 3 c. à s. d'eau	Mélanger et laisser reposer 15 minutes.	Ce mélange apporte de la densité ainsi qu'un goût subtil de noisette. Agit comme un agent levant et comme un liant.

graines de chia

1 œuf = 1 c. à s. de graines de chia + 80 ml d'eau	Mélanger et laisser reposer 15 minutes.	Ce mélange donne une pâte plus foncée, à l'arrière-goût de graine de pavot. Agit comme un liant. Broyez les graines si vous ne souhaitez pas les voir entières dans le gâteau.

fruit

1 œuf = 250 g de purée de pommes ou 1 banane écrasée	Augmenter la proportion de poudre à lever de 50 %. Le temps de cuisson peut également augmenter (compter au moins 10 minutes de plus).	Le fruit apporte du sucre et du moelleux aux gâteaux. Comme son goût sera présent, privilégiez d'autres substituts aux œufs si votre recette contient déjà des pommes ou de la banane.

bicarbonate de soude et vinaigre

1 œuf = 1 c. à c. de bicarbonate de soude + 1 c. à s. de vinaigre de cidre + 60 ml du liquide de votre choix	Ajouter le bicarbonate de soude aux ingrédients secs et le vinaigre de cidre aux ingrédients humides, puis suivre les étapes de la recette.	La meilleure méthode pour remplacer les œufs tout en conservant le goût et la texture de l'original. L'association de ces ingrédients produit des bulles qui, à la cuisson, donnent des gâteaux légers et aérés.

purée d'oléagineux

1 œuf = 3 c. à s. de purée d'oléagineux	Battre la purée d'oléagineux en même temps que le corps gras ou que le sucre.	À utiliser si vous souhaitez donner un goût de noisette assez prononcé à votre préparation. Agit comme un liant, apporte du moelleux et de la tenue aux gâteaux.

les œufs ?

alternatives aux œufs	emploi	remarques

arrow-rot (fécule de marante)

alternatives aux œufs	emploi	remarques
1 œuf = 1 c. à s. d'arrow-rot + 2 c. à s. d'eau	Mélanger avant utilisation.	Excellent pour lier les préparations, mais pas d'action levante. Pensez à combiner ce substitut avec un agent levant approprié.

fécule de pomme de terre

alternatives aux œufs	emploi	remarques
1 œuf = 1 c. à s. de fécule de pomme de terre + 2 c. à s. d'eau + ½ c. à c. de poudre à lever + 4 c. à s. du liquide de votre choix	Mélanger tous les ingrédients.	Comme toutes les autres fécules, la fécule de pomme de terre agit comme liant et apporte de la tenue aux gâteaux.

gélifiant végétal en poudre

alternatives aux œufs	emploi	remarques
1 œuf = 1 c. à s. de gélifiant + 60 ml d'eau	Mélanger et laisser reposer 15 minutes.	Ce gélifiant ne possède aucune saveur particulière, agit comme liant et donne à la pâte une texture plus lisse que les graines de lin ou de chia.

yaourt

alternatives aux œufs	emploi	remarques
1 œuf = 65 ml de yaourt nature + ½ c. à c. de poudre à lever	Possibilité d'utiliser du brassé au soja.	Le yaourt nature donne des résultats assez proches de l'œuf, tout en apportant une onctuosité aux gâteaux.

PURÉE DE POMMES

ASTUCE

sans lactose, sans gluten, sans œufs

Aromatisez la purée de pommes en y ajoutant ½ cuillerée à café de cannelle ou ½ cuillerée à café d'extrait de vanille.

Pour 1 kg

PRÉPA / CUISSON
10 min / 15 min

1,4 kg de pommes lavées, évidées et coupées en quatre
1 c. à s. d'eau

01 Préchauffez le four à 180 °C. Déposez les pommes dans un plat à four et enfournez 20 minutes. Les pommes doivent être fondantes et brun doré.

02 Autre méthode : placez les pommes dans une casserole avec un fond d'eau et laissez compoter 15 minutes.

03 Mixez les pommes cuites dans le bol hachoir d'un robot. Ajoutez 6 c. à s. d'eau si les pommes ont été cuites au four.

04 Utilisez la purée de pommes sans attendre. Elle se conserve 5 jours au réfrigérateur, dans un bocal. Divisée en petites portions, elle peut se congeler.

BRASSÉ DE NOIX DE CAJOU

ASTUCE

sans lactose, sans gluten, sans œufs

Épais, crémeux, velouté, au bon goût noisetté.
Facile à préparer, puisque les noix sont mixées entières, gorgées d'eau. Tous les nutriments, comme le magnésium et le zinc, sont ainsi conservés.

Pour 300 g

PRÉPA
10 min + 4 h de trempage

150 g de noix de cajou
120 ml de lait d'amande
Le jus de 1 citron
Les graines de 1 gousse de vanille

01 Faites tremper les noix de cajou dans 300 ml d'eau pendant 4 heures.

02 Égouttez-les et placez-les dans le bol hachoir d'un robot avec le lait d'amande, le jus de citron et la vanille.

03 Mixez à pleine vitesse, en vous arrêtant pour racler les parois, jusqu'à l'obtention d'une pâte lisse et crémeuse.

04 Utilisez le brassé sans attendre. Il se conserve 5 jours au réfrigérateur, dans un récipient hermétique.

PRÉPA / CUISSON

15 min / 30 min

ASTUCE

sans gluten, sans œufs

Une belle alternative aux cakes nature, au chocolat ou aux fruits. Le goût acidulé de la marmelade combiné au sucre de fleur de palmier donne à ce gâteau de belles notes fruitées.

Cake à la marmelade d'orange

Pour 8 à 10 parts
Huile pour le moule
110 g de beurre coupé en dés
120 g de farine de riz
55 g de fécule de maïs
55 g d'arrow-rot
80 g de sucre de fleur de palmier
Le zeste râpé de 1 orange
Le zeste râpé de 1 citron
1 c. à c. de quatre-épices
100 g d'écorces d'orange et de citron confites + raisins secs
Le jus de 1 orange
3 c. à s. de marmelade d'orange
130 g de yaourt nature
Tranches d'orange caramélisées (page 214), pour décorer

Préchauffez le four à 180 °C. Huilez et chemisez de papier cuisson un moule à cake. Dans un bol, malaxez les dés de beurre et la farine jusqu'à ce que le mélange ressemble à des miettes grossières. Ajoutez tous les autres ingrédients secs et mélangez. Dans un autre bol, mélangez tous les ingrédients humides, puis versez d'un seul coup le mélange sec. Mélangez.

Versez la pâte dans le moule, lissez la surface et enfournez 30 minutes. Plantez la lame d'un couteau au centre du gâteau : elle doit ressortir propre. Laissez refroidir le cake dans le moule puis démoulez-le sur une grille. Une fois complètement refroidi, décorez-le de tranches d'orange caramélisées.

Ce cake se conserve 2 à 4 jours au réfrigérateur, dans un récipient hermétique. Laissez-le revenir à température ambiante avant de servir.

PRÉPA / CUISSON

10 min / 13 min

ASTUCE

sans lactose, sans gluten, sans œufs

Des petits gâteaux à la vanille qui raviront toute la famille. Ils sont exquis, mais aussi remplis d'ingrédients bons pour la santé. Les morceaux de prune leur donnent une belle couleur.

Minigâteaux à la vanille

Pour 12 minigâteaux
Huile pour le moule
55 g de farine de sarrasin
55 g de farine de riz
30 g de fécule de pomme de terre
30 g d'arrow-rot
1 c. à s. de poudre à lever sans gluten
½ c. à c. de sel
70 g de sucre de fleur de palmier
1 c. à c. d'extrait de vanille
2 c. à s. d'huile de tournesol
1 c. à s. de vinaigre de cidre
120 ml d'eau
2 prunes finement tranchées
1 c. à s. de sucre glace d'érythritol

Préchauffez le four à 180 °C. Huilez les 12 alvéoles d'une plaque à muffins. Tamisez les farines, les fécules, la poudre à lever et le sel dans un bol, puis ajoutez le sucre de fleur de palmier. Dans un autre bol, mélangez tous les ingrédients restants, à l'exception des tranches de prune, avec 120 ml d'eau. Versez le mélange sur les ingrédients secs et battez jusqu'à l'obtention d'une pâte homogène.

Remplissez les moules de pâte aux trois quarts. Déposez des tranches de prune à la surface. Enfournez 13 minutes : les gâteaux doivent être gonflés et fermes au toucher. Laissez-les refroidir complètement, puis saupoudrez-les de sucre glace.

Ces minigâteaux se conservent 2 à 4 jours au réfrigérateur, dans un récipient hermétique. Laissez-les revenir à température ambiante avant de servir.

PRÉPA / CUISSON

15 min / 25 min

ASTUCE

sans gluten, sans œufs

Un gâteau sans œufs, léger, parfumé par un soupçon de cannelle, à déguster tiède, accompagné de crème de coco fouettée. Son secret ? De la purée de pommes maison (page 164).

Gâteau aux pommes

Pour 10 parts
Huile pour le moule
2 pommes pelées, évidées et tranchées
1 c. à s. de jus de citron
125 g de beurre ramolli
80 g de sucre de fleur de palmier + 1 c. à s.
150 g de purée de pommes
110 g de farine de riz
55 g de fécule de maïs
55 g d'arrow-rot
2 c. à c. de poudre à lever sans gluten
½ c. à c. de sel
5 c. à s. de lait
1 c. à c. de cannelle
1 c. à s. de sirop d'érable
Crème fouettée au lait de coco (page 196)

Préchauffez le four à 170 °C. Huilez et chemisez de papier cuisson un moule à manqué de 20 cm de diamètre. Badigeonnez les tranches de pomme de jus de citron. Dans un bol, battez le beurre et le sucre de fleur de palmier jusqu'à ce que le mélange blanchisse et soit bien aéré. Ajoutez la purée de pommes et battez. Tamisez la farine, les fécules, la poudre à lever, le sel, puis ajoutez-les au mélange. Versez petit à petit le lait, en remuant, jusqu'à l'obtention d'une pâte lisse.

Versez la pâte dans le moule et disposez les tranches de pomme à la surface, en spirale. Dans un bol, mélangez le sirop d'érable et la cannelle, puis versez le mélange sur le gâteau. Enfournez 25 minutes. Plantez la lame d'un couteau au centre du gâteau : elle doit ressortir propre. Laissez reposer 15 minutes puis démoulez sur une grille.

Ce gâteau se conserve 2 à 4 jours au réfrigérateur, dans un récipient hermétique. Laissez-le revenir à température ambiante avant de servir.

PRÉPA / CUISSON

10 min / 15 min

ASTUCE

sans lactose, sans gluten, sans œufs

Des mini bundt cakes sans œufs, faciles à préparer et délicieux. Une pâte fondante, pleine de parfums, avec juste ce qu'il faut de chocolat à l'intérieur.

Mini bundt cakes au chocolat

Pour 24 mini bundt cakes

Huile pour le moule
300 g de dattes medjool dénoyautées
300 ml d'eau chaude
180 g de banane écrasée
2 c. à c. d'extrait de vanille
2 c. à s. de graines de lin
200 g de farine d'épeautre
30 g de fécule de maïs
50 g de cacao cru en poudre + pour saupoudrer
1 c. à c. de poudre à lever sans gluten
1 c. à c. de bicarbonate de soude

Préchauffez le four à 170 °C. Huilez les 6 alvéoles d'une plaque à mini bundt cakes. Placez les dattes, l'eau chaude, la banane et la vanille dans le bol hachoir d'un robot, et mixez jusqu'à l'obtention d'une purée lisse. Mélangez les graines de lin avec 6 cuillerées à soupe d'eau ; laissez reposer quelques minutes. Dans un grand bol, tamisez la farine et la fécule, le cacao en poudre, la poudre à lever et le bicarbonate de soude.

Versez la purée à base de dattes et les graines de lin trempées sur les ingrédients secs, et mélangez au fouet. Versez la pâte dans les moules et enfournez 15 minutes ; procédez en plusieurs fournées. Le dessus des gâteaux doit être bien cuit et commencer tout juste à colorer. Laissez refroidir dans les moules. Saupoudrez de cacao avant de servir.

Ces bundt cakes se conservent 2 à 4 jours au réfrigérateur, dans un récipient hermétique. Laissez-les revenir à température ambiante avant de servir.

PRÉPA / CUISSON

10 min / 23 min

ASTUCE

sans gluten, sans œufs

Un « naked cake » léger, au bon goût de vanille, garni de fruits frais. La recette parfaite pour épater vos invités, à faire et à refaire pour toutes vos grandes occasions.

Gâteau de fête saveur vanille

Pour 8 parts
100 ml d'huile végétale
+ pour le moule
200 g de farine de riz
100 g de fécule de maïs
100 g d'arrow-rot
200 g de sucre de fleur de palmier
1 ½ c. à c. de bicarbonate de soude
¼ de c. à c. de sel
1 ½ c. à s. de vinaigre de cidre
Les graines de 1 gousse de vanille (page 21)
450 ml de lait

Pour décorer
Crème Chantilly (page 198)
Fruits frais

Préchauffez le four à 180 °C. Huilez et chemisez de papier cuisson 2 moules à manqué de 18 cm de diamètre. Dans un grand bol, tamisez tous les ingrédients secs. Dans un autre bol, mélangez tous les ingrédients humides puis incorporez-les aux ingrédients secs. Mélangez, sans trop insister jusqu'à l'obtention d'une pâte homogène.

Répartissez la pâte entre les 2 moules et enfournez 23 minutes. Les gâteaux doivent être gonflés et fermes au toucher. Laissez reposer 10 minutes puis démoulez sur une grille. Une fois les gâteaux complètement refroidis, étalez la crème Chantilly sur le premier gâteau. Placez le second gâteau par-dessus. Décorez avec les fruits frais.

Ce gâteau se conserve 1 à 2 jours au réfrigérateur, dans un récipient hermétique. Laissez-le revenir à température ambiante avant de servir.

PRÉPA / CUISSON

20 min / 35 min

ASTUCE

sans lactose, sans gluten, sans œufs

Une version sans œufs, sans gluten, ni produits laitiers, à base de sucrants naturels. Avec sa pâte moelleuse et très parfumée, ce carrot cake a tout bon.

Carrot cake

Pour 8 parts

200 ml d'huile de tournesol + pour le moule
180 g de farine de riz
115 g de fécule de maïs
115 g d'arrow-rot
2 c. à s. de poudre à lever sans gluten
2 c. à c. de cannelle
1 c. à c. de noix de muscade moulue
2 c. à s. de graines de lin
100 g de sucre de fleur de palmier
50 ml de sirop d'érable
150 ml de purée de pommes (page 164)
Le zeste et le jus de 1 orange
225 g de carottes cuites, refroidies et réduites en purée
115 g de carottes râpées
100 g de noix hachées

Préchauffez le four à 180 °C. Huilez et chemisez de papier cuisson un moule à charnière de 23 cm de diamètre. Dans un bol, tamisez la farine, les fécules, la poudre à lever et les épices. Dans un bol, mélangez les graines de lin avec 4 cuillerées à soupe d'eau et laissez reposer 5 minutes, le temps que le mélange épaississe. Mélangez les graines de lin trempées, le sucre de fleur de palmier, le sirop d'érable, la purée de pommes, l'huile, le zeste et le jus d'orange. Ajoutez les carottes, mélangez, puis incorporez les ingrédients secs et les noix. Mélangez jusqu'à l'obtention d'une pâte homogène.

Versez la pâte dans le moule et enfournez 35 minutes. Plantez la lame d'un couteau au centre du gâteau : elle doit ressortir propre. Laissez le gâteau reposer 10 minutes puis démoulez-le délicatement sur une grille.

Pour le glaçage, mélangez 250 g de brassé au lait de coco, 25 g de miel, ½ cuillerée à café d'extrait de vanille et 1 cuillerée à soupe de jus de citron. Étalez ce glaçage sur le gâteau refroidi avant de servir.

Ce carrot cake se conserve 1 à 2 jours au réfrigérateur, dans un récipient hermétique. Laissez-le revenir à température ambiante avant de servir.

PRÉPA / CUISSON

10 min / 45 min

ASTUCE

sans lactose, sans gluten, sans œufs

Un marbré sans œufs, facile à réaliser, moelleux, généreux, et encore légèrement humide aux endroits où les deux pâtes se rencontrent.

Cake marbré

Pour 8 à 10 parts

100 ml d'huile de tournesol + pour le moule
150 g de farine de riz
75 g de fécule de maïs
75 g d'arrow-rot
1 c. à c. de bicarbonate de soude
½ c. à c. de sel
150 g de miel
250 ml de brassé au lait de coco
2 c. à c. d'extrait de vanille
1 ½ c. à s. de vinaigre de cidre
2 c. à c. de cacao cru en poudre, tamisé
Le zeste râpé et le jus de 1 orange

Préchauffez le four à 180 °C. Huilez et chemisez de papier cuisson un moule à cake. Tamisez les farines, le bicarbonate de soude et le sel. Dans un bol, battez tous les ingrédients humides, puis incorporez les ingrédients secs. Mélangez jusqu'à l'obtention d'une pâte homogène. Répartissez la pâte dans 2 bols. Dans le premier, ajoutez le cacao en poudre et, dans le second, le zeste et le jus d'orange. Mélangez.

Versez les 2 pâtes dans le moule, en alternant. Mélangez délicatement avec la pointe d'un couteau afin de créer des marbrures. Enfournez 45 minutes. Plantez la lame d'un couteau au centre du gâteau : elle doit ressortir propre. Laissez reposer 5 minutes puis démoulez sur une grille.

Ce marbré se conserve 2 à 4 jours au réfrigérateur, dans un récipient hermétique. Laissez-le revenir à température ambiante avant de servir.

PRÉPA / CUISSON

25 min / 25 min

ASTUCE

sans lactose, sans gluten, sans œufs

Un gâteau au bon goût d'agrume, truffé de myrtilles, parfait pour accompagner un thé. Ni trop sucré, ni trop acidulé. Vous pouvez remplacer les myrtilles par des framboises.

Gâteau myrtille-citron

Pour 10 parts
80 ml d'huile de coco + pour le moule
130 g de farine de riz
65 g de fécule de maïs
65 g d'arrow-rot
¼ de c. à c. de sel
2 c. à c. de poudre à lever sans gluten
½ c. à c. de bicarbonate de soude
½ c. à c. de gomme xanthane
1 c. à s. de vinaigre de cidre
120 ml de lait d'amande
100 g de sucre de fleur de palmier
50 ml de sirop d'érable
Le zeste râpé de 1 citron
2 c. à c. d'extrait de vanille
150 g de myrtilles
1 c. à s. de sucre glace d'érythritol

Préchauffez le four à 170 °C. Huilez et chemisez de papier cuisson un moule carré de 23 cm de côté. Tamisez la farine, les fécules, le sel, la poudre à lever, le bicarbonate de soude et la gomme xanthane. Mélangez le vinaigre et le lait d'amande, et laissez cailler 15 minutes. Dans un bol doté d'un bec verseur, mélangez le sucre de fleur de palmier, le sirop d'érable, l'huile de coco, le lait d'amande caillé, le zeste de citron, la vanille et 2 cuillerées à soupe d'eau, puis versez sur les ingrédients secs et mélangez. Incorporez délicatement les myrtilles, sans trop mélanger.

Versez la pâte dans le moule et enfournez 25 minutes. Plantez la lame d'un couteau au centre du gâteau : elle doit ressortir propre. Démoulez et laissez refroidir sur une grille. Saupoudrez de sucre glace.

Ce gâteau se conserve 2 à 4 jours au réfrigérateur, dans un récipient hermétique. Laissez-le revenir à température ambiante avant de servir.

PRÉPA / CUISSON

5 min / 18 min

ASTUCE

sans lactose, sans gluten, sans œufs

Des cupcakes moelleux et, surtout, chocolatés.
Cette recette contient du vinaigre de cidre ; combiné à l'agent levant, il permet d'obtenir une pâte très aérée.

Cupcakes au chocolat

Pour 12 cupcakes
120 g de farine de sorgho
120 g de farine de riz
65 g de fécule de pomme de terre
65 g d'arrow-rot
160 g de sucre de coco
50 g de sucre de fleur de palmier
2 c. à c. de bicarbonate de soude
60 g de cacao cru en poudre
1 c. à c. de sel
2 c. à s. de vinaigre de cidre
Les graines de 1 gousse de vanille (page 21)
180 ml d'huile de tournesol
1 ½ recette de glaçage au cajou au chocolat (page 202)

Préchauffez le four à 180 °C. Chemisez de caissettes en papier les 12 alvéoles d'une plaque à muffins. Dans un bol, tamisez tous les ingrédients secs et formez un puits au centre. Dans un autre bol, mélangez tous les ingrédients humides avec 250 ml d'eau. Versez les ingrédients humides sur les ingrédients secs et mélangez jusqu'à l'obtention d'une pâte homogène.

Versez la pâte dans les moules et enfournez 18 minutes. Laissez reposer 10 minutes puis démoulez sur une grille. Une fois les cupcakes complètement refroidis, décorez-les à la poche à douille avec le glaçage au cajou au chocolat avant de servir.

Ces cupcakes se conservent 2 à 4 jours au réfrigérateur, dans un récipient hermétique. Laissez-les revenir à température ambiante avant de servir.

PRÉPA / CUISSON

15 min / 17 min

ASTUCE

sans lactose, sans gluten, sans œufs

Des bundt cakes version mini, recouverts d'une couche de glaçage au citron qui apporte une agréable touche d'acidité. Si vous n'avez pas de minimoules à bundt cakes, préparez ces gâteaux comme des cupcakes.

Mini bundt cakes citron-pavot

Pour 8 minicakes
90 ml d'huile de coco fondue + pour les moules
90 g de farine de riz
45 g de fécule de maïs
45 g d'arrow-rot
2 c. à c. de poudre à lever sans gluten
½ c. à c. de gomme xanthane
½ c. à c. de sel
50 g de sucre de fleur de palmier
Le zeste râpé de 3 citrons
1 c. à s. de graines de pavot
2 c. à s. de graines de lin
50 ml de sirop d'érable
Le jus de 1 citron
60 ml de boisson à l'avoine
1 c. à s. de pistaches

Glaçage au citron
3 c. à s. de sucre glace d'érythritol
Le jus de ½ citron

Préchauffez le four à 175 °C. Huilez les 8 alvéoles d'une plaque à mini bundt cakes. Dans un grand bol, mélangez les farines et les fécules, les agents levants, le sel, le sucre de fleur de palmier, le zeste de citron et les graines de pavot. Dans un bol, mélangez les graines de lin avec 6 cuillerées à soupe d'eau et laissez reposer 5 minutes. Dans un autre bol, mélangez le sirop d'érable, le jus de citron, l'huile de coco et la boisson à l'avoine. Battez vigoureusement. Ajoutez les graines de lin trempées, et battez de nouveau. Versez les ingrédients humides sur les ingrédients secs et mélangez sans trop insister.

Versez la pâte dans les moules et enfournez 17 minutes. Plantez la lame d'un couteau au centre d'un gâteau : elle doit ressortir propre. Laissez les bundt cakes refroidir légèrement puis démoulez-les sur une grille. Une fois complètement refroidis, mélangez les ingrédients pour le glaçage, nappez les gâteaux et parsemez de pistaches concassées.

Ces bundt cakes se conservent 2 à 4 jours au réfrigérateur, dans un récipient hermétique. Laissez-les revenir à température ambiante avant de servir.

PRÉPA / CUISSON

5 min / 50 min

ASTUCE

sans lactose, sans gluten, sans œufs

Délicieusement sucré, ce cake est préparé avec des bananes bien mûres et des pépites de chocolat pour un résultat très gourmand. Quoi de mieux pour le petit déjeuner ou le goûter ?

Cake banane & pépites de chocolat

Pour 8 à 10 parts

100 ml d'huile de tournesol + pour le moule
130 g de farine de riz
60 g de fécule de maïs
60 g d'arrow-rot
2 c. à c. de poudre à lever
1 c. à c. de bicarbonate de soude
½ c. à c. de gomme xanthane
3 bananes bien mûres, écrasées
50 g de miel
40 g de sucre de coco
200 ml de boisson végétale au riz
Les graines de 1 gousse de vanille (page 21)
100 g de pépites de chocolat sans lait (page 80)

Préchauffez le four à 180 °C. Huilez et chemisez de papier cuisson un moule à cake. Tamisez tous les ingrédients secs dans un bol. Dans un autre bol, mélangez les bananes, le miel, le sucre de coco, la boisson au riz, l'huile et la vanille. Ajoutez aux ingrédients secs et mélangez sans trop insister. Incorporez les pépites de chocolat.

Versez la pâte dans le moule et enfournez 50 minutes. Plantez la lame d'un couteau au centre du gâteau : elle doit ressortir propre. Déposez une feuille de papier d'aluminium sur le cake si le dessus commence à roussir. Laissez reposer 5 minutes puis démoulez sur une grille.

Ce cake se conserve 2 à 4 jours au réfrigérateur, dans un récipient hermétique. Laissez-le revenir à température ambiante avant de servir.

PRÉPA / CUISSON

30 min / 30 min

ASTUCE

sans gluten, sans œufs

Avec son goût sucré et acidulé, l'ananas se marie à merveille avec le miel. Servez ce gâteau avec un peu de yaourt à la grecque.

Gâteau renversé à l'ananas

Pour 10 à 12 parts
450 g d'ananas paré, tranché finement dans la longueur
30 g de miel + pour badigeonner
3 c. à s. de graines de lin
100 g de farine d'épeautre
60 g de farine de sorgho
60 g de farine de riz
40 g de fécule de pomme de terre
40 g d'arrow-rot
1 ½ c. à c. de poudre à lever sans gluten
½ c. à c. de bicarbonate de soude
½ c. à c. de gomme xanthane
125 g de beurre ramolli
150 g de sucre de fleur de palmier
60 g de farine d'amande
250 ml de lait ribot

Préchauffez le four à 170 °C. Dans une casserole, faites chauffer à feu moyen l'ananas et le miel avec 250 ml d'eau. Portez à ébullition et faites cuire 15 minutes. Sortez les tranches d'ananas de la casserole.

Beurrez et chemisez de papier cuisson un moule à manqué de 22 cm de diamètre. Ajoutez 6 cuillerées à soupe d'eau aux graines de lin et laissez gonfler 5 minutes. Disposez les tranches d'ananas dans le fond du moule et arrosez-les avec la moitié du sirop. Tamisez les ingrédients secs. Battez le beurre avec le sucre de fleur de palmier. Ajoutez les graines de lin trempées, la farine d'amande et le lait ribot. Battez à faible vitesse. Versez la pâte sur les tranches d'ananas.

Enfournez 30 minutes. Plantez la lame d'un couteau au centre du gâteau : elle doit ressortir propre. Déposez une feuille de papier d'aluminium sur le gâteau si le dessus commence à roussir. Laissez reposer 1 minute puis démoulez sur un plat de service. Badigeonnez le gâteau de miel avant de servir.

Ce gâteau se conserve 2 à 4 jours au réfrigérateur, dans un récipient hermétique. Laissez-le revenir à température ambiante avant de servir.

PRÉPA / CUISSON

10 min / 1 h

ASTUCE

sans gluten, sans œufs

Un cake sans œufs, facile à réaliser, qui fera flotter dans la maison un parfum merveilleux. Parfait pour accompagner le thé ou le café.

Cake miel-cannelle

Pour 8 à 10 parts
Huile pour le moule
65 g de farine de sorgho
65 g de farine de riz
50 g de fécule de pomme de terre
50 g d'arrow-rot
1 c. à c. de poudre à lever sans gluten
1 ½ c. à c. de bicarbonate de soude
2 c. à c. de cannelle
110 g de beurre
60 g de sucre de coco
125 ml de miel + pour arroser le gâteau
Le zeste râpé et le jus de 2 oranges
150 g de yaourt nature
3 bananes écrasées
Tranches de poire glacées au sirop d'érable (page 214), pour décorer

Préchauffez le four à 175 °C. Huilez et chemisez un moule à cake. Dans un bol, tamisez tous les ingrédients secs. Battez le beurre et le sucre de coco jusqu'à l'obtention d'une crème bien aérée. Ajoutez tous les autres ingrédients, à l'exception des bananes. Mélangez au fouet. Incorporez les bananes écrasées.

Versez la pâte dans le moule et enfournez 1 heure. Laissez légèrement refroidir puis démoulez sur une grille. Une fois le cake complètement refroidi, arrosez-le de miel et décorez-le avec des tranches de poire séchées.

Ce cake se conserve 2 à 4 jours au réfrigérateur, dans un récipient hermétique. Laissez-le revenir à température ambiante avant de servir.

PRÉPA / CUISSON

10 min / 30 min

ASTUCE

sans lactose, sans gluten, sans œufs

Un gâteau pour une fête ou un anniversaire. Une génoise au chocolat moelleuse fourrée d'une mousse chocolat-avocat, le tout décoré de framboises fraîches : le trio gagnant pour épater vos invités !

Layer cake chocolat-framboise

Pour 10 parts

170 g de farine de riz
85 g de fécule de maïs
85 g d'arrow-rot
1 ½ c. à c. de bicarbonate de soude
55 g de cacao cru en poudre
¼ de c. à c. de sel
½ c. à c. de gomme xanthane
200 g de sucre de coco
50 g de sucre de fleur de palmier
100 ml d'huile de coco
1 ½ c. à s. de vinaigre de cidre
Les graines de 1 gousse de vanille (page 21)

Pour décorer

1 ½ recette de mousse chocolat-avocat (page 210)
250 g de framboises

Préchauffez le four à 180 °C. Huilez et chemisez de papier cuisson 2 moules à manqué de 20 cm de diamètre. Dans un bol, tamisez tous les ingrédients secs. Dans un autre bol, mélangez tous les ingrédients humides avec 450 ml d'eau. Versez sur les ingrédients secs tamisés et mélangez. Répartissez la pâte dans les 2 moules et enfournez 30 minutes. Les gâteaux doivent être gonflés et fermes au toucher. Laissez refroidir 5 minutes puis démoulez sur une grille.

Une fois les gâteaux complètement refroidis, étalez la moitié de la mousse chocolat-avocat et disposez la moitié des framboises sur le premier gâteau. Placez le second gâteau par-dessus, puis répétez l'opération avec la mousse et les framboises restantes.

Ce layer cake se conserve 1 à 2 jours au réfrigérateur, dans un récipient hermétique. Laissez-le revenir à température ambiante avant de servir.

DÉCORER SES GÂTEAUX

glaçages naturels
Naturellement riches en bonnes graisses, les noix de cajou, amandes et noisettes offrent un substitut idéal au beurre et à la crème, afin de réaliser des glaçages ou des pâtes à étaler. Ils contiennent des vitamines, minéraux, protéines, ainsi que du zinc et des antioxydants.

fruits frais
Les fruits peuvent faire d'élégants décors pour vos pâtisseries – fruits rouges, tranches de fruits disposées en éventail, fruits glacés aux belles couleurs vives, tranches d'agrumes séchées au four... Un régal pour les yeux comme pour les papilles.

mousses sans œufs
La pulpe de fruits tels que l'avocat ou la mangue peut remplacer les œufs dans de nombreux desserts. Résultat : des gâteaux savoureux, pauvres en graisses et en sucres, et riches en oméga 3, bons pour le cœur.

boissons végétales
Les boissons végétales vous surprendront par leur légèreté et leur goût délicat. Pour remplacer la crème, on utilisera du lait de coco fouetté, que l'on incorporera dans des mousses, des cheesecakes ou des glaçages. La crème légère permettra de faire baisser l'indice calorique de vos recettes.

nappages peu sucrés
Les sirops et glaçages apportent un joli brillant aux gâteaux. On les prépare d'ordinaire avec du sucre glace raffiné et du lait, mais il est possible de les réaliser avec des noix de cajou.

confitures naturelles
Les confitures et coulis apportent du sucre tout en évitant l'emploi de sucre raffiné. Réalisez des expériences avec différents fruits, en fonction de vos préférences – parfait pour terminer vos fruits trop mûrs. On utilisera les confitures associées à d'autres garnitures : une crème ou une sauce au chocolat.

PRÉPA

5 min

ASTUCE

sans lactose, sans gluten, sans œufs

Une crème fouettée légère pour accompagner tous vos gâteaux. Se marie bien avec un gâteau à la noix de coco & à la rose (page 50), des cupcakes à la carotte (page 74) ou un red velvet cake (page 30).

Crème fouettée au lait de coco

Pour 400 g
400 ml de lait de coco en conserve
½ c. à c. d'extrait de vanille
1 c. à c. de miel

Placez la conserve de lait de coco au réfrigérateur pendant une nuit. Prélevez la crème remontée à la surface, puis déposez-la dans le bol d'un robot ou dans un blender avec les autres ingrédients. Battez 3 à 5 minutes jusqu'à l'obtention d'une crème légère et bien aérée. Dégustez sans attendre.

Cette crème fouettée se conserve 5 jours au réfrigérateur, dans un récipient hermétique.

PRÉPA / CUISSON

15 min / 2 min

ASTUCE

sans gluten, sans œufs

La crème semi-épaisse légère, associée au gélifiant végétal et au sucre glace d'érythritol donne une consistance identique à la chantilly classique, mais avec moitié moins de calories, graisses et cholestérol.

Crème Chantilly

Pour 450 g

3 ½ c. à c. de gélifiant végétal
400 ml de crème semi-épaisse légère à 18 %
2 c. à s. de sucre glace d'érythritol
2 c. à c. d'extrait de vanille

Versez 35 ml d'eau dans un bol et saupoudrez le gélifiant. Laissez les paillettes ramollir pendant 5 minutes. Transférez dans un bol résistant à la chaleur placé sur une casserole d'eau frémissante (assurez-vous que le fond du bol n'entre pas en contact avec l'eau) et remuez jusqu'à ce que le gélifiant soit dilué. Fouettez la crème quelques minutes au batteur électrique, puis ajoutez le sucre glace, le gélifiant et la vanille. Placez la crème 1 heure au réfrigérateur et battez-la de nouveau avant de servir.

Cette chantilly se conserve 2 jours au réfrigérateur, dans un récipient hermétique.

PRÉPA / CUISSON

5 min / 10 min

ASTUCE

sans lactose, sans gluten, sans œufs

Une préparation à réaliser aussi bien avec des framboises fraîches que surgelées, et une excellente façon d'utiliser des framboises trop mûres. Ce coulis peut se préparer avec n'importe quel autre fruit rouge.

Coulis de framboise

Pour 300 g
300 g de framboises
2 c. à s. de miel
Le jus de ½ citron
2 c. à c. d'extrait de vanille

Placez tous les ingrédients dans une casserole, sur feu moyen. Écrasez délicatement les framboises à la fourchette, puis faites cuire 10 minutes à frémissement, le temps que le miel termine de fondre. Passez le coulis au chinois si vous ne souhaitez pas conserver les pépins.

Ce coulis se conserve 2 jours au réfrigérateur, dans un récipient hermétique.

PRÉPA

10 min

ASTUCE

sans lactose, sans gluten, sans œufs

La noix de cajou : un ingrédient précieux qui permet de réaliser cette crème riche, au goût naturellement sucré. À déguster tel quel ou avec des gâteaux, comme les cupcakes au chocolat (page 182).

Glaçage au cajou

Pour 380 g
200 g de noix de cajou, trempées 4 heures dans de l'eau
100 ml de lait de coco
1 c. à c. d'extrait de vanille
½ c. à s. de miel

Dans le bol hachoir d'un robot ou dans un blender, mixez les noix de cajou avec la moitié du lait de coco pendant 2 minutes jusqu'à l'obtention d'une pâte épaisse. Arrêtez-vous de temps en temps afin de racler les parois, si nécessaire. Versez petit à petit le lait de coco restant, tout en continuant de mixer pendant 2 minutes. Le glaçage doit être lisse. Ajoutez la vanille et le miel.

Glaçage au chocolat : ajoutez 25 g de cacao cru en poudre.
Glaçage au café : faites dissoudre 1 cuillerée à soupe de café soluble dans 1 cuillerée à soupe d'eau bouillante. Ajoutez au glaçage.
Glaçage acidulé : ajoutez 3 cuillerées à soupe de jus de citron et 3 cuillerées à café de zeste de citron vert râpé.

Ce glaçage se conserve 5 jours au réfrigérateur, dans un récipient hermétique.

PRÉPA / CUISSON

5 min / 10 min

ASTUCE

sans lactose, sans gluten, sans œufs

Des bananes caramélisées à la poêle avec du sucre de coco, de l'huile de coco et de l'extrait de vanille. Réalisez cette préparation avec d'autres fruits tels que des prunes ou des pommes.

Rondelles de banane caramélisées

Pour 20 tranches
2 bananes coupées en tranches
10 g de sucre de coco
30 ml d'huile de coco
½ c. à c. d'extrait de vanille

Préchauffez le four à 120 °C. Saupoudrez les bananes de sucre de coco. Faites chauffer la moitié de l'huile de coco dans une poêle, sur feu moyen. Déposez les tranches de banane de manière qu'elles ne se touchent pas. Procédez en plusieurs fois, si nécessaire. Versez l'extrait de vanille sur les bananes, puis faites-les revenir 5 minutes ; les deux côtés doivent être caramélisés. Gardez les bananes caramélisées dans le four, le temps de préparer les autres fournées.

Ces rondelles de banane caramélisées se conservent 2 jours au réfrigérateur, dans un récipient hermétique.

PRÉPA / CUISSON

5 min / 15 min

ASTUCE

sans lactose, sans gluten, sans œufs

Une pâte à tartiner délicieuse sur une tranche de pain grillée, sur une couche de purée d'amandes, telle quelle à la cuillère, ou encore pour garnir un gâteau chocolat-avocat (page 98).

Pâte à tartiner chocolat-noisette

Pour 350 g
250 g de noisettes crues, grossièrement hachées
3 c. à s. de sirop d'érable
5 c. à s. d'huile de tournesol
3 c. à s. de lait d'amande
3 c. à s. de cacao cru en poudre
Les graines de 1 gousse de vanille (page 21)
1 pincée de sel

Préchauffez le four à 175 °C. Placez les noisettes sur une plaque de cuisson et torréfiez-les 12 à 15 minutes au four. Laissez-les refroidir légèrement puis mondez-les. Versez les noisettes dans le bol hachoir d'un robot ou dans un blender, et mixez jusqu'à l'obtention d'une pâte, en vous arrêtant pour racler les parois, si nécessaire. Ajoutez petit à petit le sirop d'érable, l'huile, le lait d'amande, et mixez. Ajoutez le cacao, la vanille et le sel. Mélangez afin d'obtenir une pâte lisse et crémeuse.

Cette pâte à tartiner se conserve 3 jours au réfrigérateur. Si la pâte a été placée au congélateur, laissez-la décongeler. Remuez avant utilisation.

PRÉPA / CUISSON

15 min / 35 min

ASTUCE

sans lactose, sans gluten, sans œufs

Testez différentes combinaisons de fruits rouges et variez les proportions en fonction de vos goûts et de la saison.

Confiture de fruits rouges à la vanille

Pour 500 g

400 g de fruits rouges : mûres, framboises et myrtilles
Les graines de 1 gousse de vanille (page 21)
100 g de purée de pommes (page 164)
2 c. à s. de miel
Le jus de ½ citron

Placez tous les ingrédients dans une casserole, sur feu doux. Portez à ébullition en remuant, puis laissez cuire pendant 35 minutes. Laissez la confiture reposer 10 à 15 minutes, répartissez-la dans des bocaux stérilisés et fermez hermétiquement.

Le pot scellé se conserve pendant 1 an. Une fois ouverte, la confiture se garde 3 mois au réfrigérateur.

PRÉPA

5 min

ASTUCE

sans lactose, sans gluten, sans œufs

Un dessert ultrafacile à réaliser. Conservez cette mousse au congélateur, afin de pouvoir la déguster à tout moment après décongélation, ou passez les glaçons au blender pour la déguster givrée.

Mousse chocolat-avocat

Pour 340 g
2 avocats bien mûrs (240 g), pelés et dénoyautés
1 pincée de sel
6 dattes medjool dénoyautées
20 g de sucre de coco
1 c. à c. d'extrait de vanille
90 ml de lait d'amande
30 ml d'huile de coco
60 g de cacao cru en poudre

Placez les avocats, le sel et les dattes dans le bol hachoir d'un robot ou dans un blender, et mixez jusqu'à l'obtention d'une purée lisse. Ajoutez le sucre de coco, la vanille, le lait d'amande, l'huile et le cacao cru en poudre, et mixez de nouveau, en vous arrêtant pour racler les parois, si nécessaire. La mousse doit être bien lisse. Goûtez, rectifiez en sucre si nécessaire.

Cette mousse se conserve 3 jours au réfrigérateur, dans un récipient hermétique.

PRÉPA / CUISSON

5 min / 5 min

ASTUCE

sans lactose, sans gluten, sans œufs

Un curd à la mangue sans œufs, facile à réaliser, parfait pour utiliser des mangues fraîches. Prêt en moins de 10 minutes, on le déguste sur des toasts, des pancakes, avec un yaourt ou de la crème glacée.

Curd à la mangue

Pour 400 g

1 c. à s. d'arrow-rot
15 ml de jus de citron
335 g de mangue taillée en dés
25 ml de sirop d'érable
30 ml de lait de coco
La pulpe de 2 fruits de la Passion

Dans un bol, mélangez l'arrow-rot, 45 ml d'eau et le jus de citron. Réduisez la mangue en purée dans le bol hachoir d'un robot ou dans un blender, puis transférez-la dans une petite casserole et faites chauffer jusqu'à ébullition, en remuant constamment. Ajoutez le sirop d'érable, la préparation à base d'arrow-rot et prolongez la cuisson de 2 minutes. Retirez la casserole du feu. Ajoutez le lait de coco et les fruits de la Passion. Laissez refroidir avant utilisation.

Ce curd à la mangue se conserve 3 jours au réfrigérateur, dans un bocal hermétique stérilisé.

PRÉPA / CUISSON

5 min / 3 h

ASTUCE

sans lactose, sans gluten, sans œufs

Des tranches d'agrumes glacées qui décoreront vos gâteaux et embaumeront votre maison. Cette recette fonctionne avec d'autres fruits, comme la pomme ou la poire.

Agrumes glacés au sirop d'érable

Pour 30 tranches
1 citron coupé en tranches
1 orange coupée en tranches
2 c. à s. de sirop d'érable

Préchauffez le four à 100 °C. Tapissez de papier cuisson une plaque de four. Disposez les tranches d'agrumes sur la plaque, sans qu'elles se chevauchent, puis badigeonnez-les de sirop d'érable. Enfournez 3 heures jusqu'à ce que l'écorce ait séché et que la pulpe soit translucide.

Une fois refroidies, utilisez les tranches sans attendre ou conservez-les pour plus tard. Elles se gardent 1 mois au réfrigérateur, dans un récipient hermétique, ou 3 mois au congélateur.

PRÉPA

15 min

ASTUCE

sans lactose, sans gluten, sans œufs

Pour remplacer le glaçage classique au cream cheese. Pour un glaçage coloré, ajoutez 1 cuillerée à café de lait d'amande et 10 g de la poudre de fruit de votre choix (page 11).

Glaçage onctueux au cajou

Pour 100 g

50 g de purée de noix de cajou
2 c. à s. de lait de coco
2 c. à s. d'huile de coco
1 c. à s. de miel
1 c. à c. d'extrait de vanille

Battez tous les ingrédients dans un bol, en vous arrêtant pour racler les parois, si nécessaire.

Ce glaçage se conserve 5 jours au réfrigérateur, dans un récipient hermétique.

PRÉPA

10 min

ASTUCE

sans lactose, sans gluten, sans œufs

Un glaçage lisse, facile à étaler et crémeux, qui prouve qu'il n'est pas besoin de beurre pour réaliser un bon fudge. Cette recette est plus saine qu'un glaçage classique et moins sucrée.

Glaçage au chocolat fudge

Pour 500 g

150 g de noix de cajou, trempées 4 heures dans de l'eau
175 g de dattes medjool dénoyautées
¼ de c. à c. de sel
38 g de cacao cru en poudre
Les graines de 1 gousse de vanille (page 21)
80 ml d'huile de coco

Placez les noix de cajou, les dattes et le sel dans le bol hachoir d'un robot ou dans un blender et mixez jusqu'à l'obtention d'une pâte lisse. Ajoutez le cacao, la vanille et l'huile de coco, et mixez de nouveau, en vous arrêtant pour racler les parois, si nécessaire. Le glaçage doit être épais et crémeux.

Ce glaçage se conserve 3 jours au réfrigérateur, dans un récipient hermétique.

PRÉPA

5 min

ASTUCE

sans lactose, sans gluten, sans œufs

Une sauce au chocolat à base d'ingrédients sains et bio comme l'huile de coco non raffinée, le cacao cru en poudre et le sirop d'érable. Le cacao cru apporte des vitamines et des antioxydants.

Sauce cacao

Pour 250 g
60 ml d'huile de coco fondue
120 ml de sirop d'érable
50 g de cacao cru en poudre
1 c. à c. d'extrait de vanille

Placez l'huile de coco, le sirop d'érable, le cacao en poudre et la vanille dans le bol hachoir d'un robot ou dans un blender. Mixez. Ajoutez petit à petit 2 cuillerées à soupe d'eau et continuez de mixer jusqu'à l'obtention d'une sauce lisse.

Utilisez la sauce sans attendre ou laissez-la prendre 10 minutes au réfrigérateur.

index

A

abricot : marbré chocolat & abricot 144

agrumes : agrumes glacés au sirop d'érable 214
bundt cake coco & agrumes 108
cake à la marmelade d'orange 166
cake au citron, pistaches & miel 28
cake citron-cardamome 148
carrot cake 24
carrot cake à l'orange & aux pistaches 94
cheesecake aux mûres 82
cheesecake aux myrtilles 46
cheesecake myrtilles & citron vert 88
cheesecakes myrtille-citron 96
gâteau à l'huile d'olive, clémentine & miel 104
gâteau à l'orange 128
gâteau au citron à la farine de riz 158
gâteau aux pommes 120
gâteau de polenta à l'orange & au pavot 92
mini bundt cakes citron-pavot 184
minicakes à la carotte 118
petits gâteaux aux myrtilles & à la pistache 48
petits gâteaux de polenta à la fleur d'oranger 140
petits moelleux à l'orange, amande & chocolat 78

amarante : gâteau à l'amarante, chocolat & cerises griottes 138

ananas : gâteau renversé à l'ananas 188

avocat : gâteau chocolat-avocat 98
mousse chocolat-avocat 210

B

banane : banana cake à la farine de sarrasin 56
cake à la banane, aux dattes & au rhum 40
cake banane & pépites de chocolat 186
cake figue-cannelle 132
cake framboise-banane 126
cake mangue-coco 136
cheesecake à la ricotta 62
gâteau au chocolat, banane & sirop d'érable 38
gâteau aux cerises & pépites de chocolat 152
petits cakes betterave-cacao 130
rondelles de banane caramélisées 204

betterave : bundt cake à la betterave 34
moelleux chocolat-betterave 72
petits cakes betterave-cacao 130
red velvet cake 30
red velvet cupcakes 84

beurre de cacao : chocolat sans lait 80

boisson végétale au riz : Victoria sponge cake 124

brassé au lait de coco : bundt cake coco & agrumes 108
cake au citron, pistaches & miel 28
cake rhubarbe-pistache 52
gâteau aux fruits rouges 58

C

cacao cru en poudre : bouchées aux amandes, pruneaux & chocolat 150
bundt cake à la betterave 34
cake marbré 178
cake poire-chocolat 60
chocolat sans lait 80
cupcakes au chocolat 122
cupcakes au chocolat 182
fudge cakes chocolat-sarrasin 134
gâteau au chocolat, banane & sirop d'érable 38
gâteau chocolat-avocat 98
gâteau roulé chocolat-café 154
marbré chocolat & abricot 144
minibundt cakes au chocolat 172
moelleux au chocolat 22
moelleux chocolat-betterave 72
mousse chocolat-avocat 210
petits cakes betterave-cacao 130
red velvet cake 30
red velvet cupcakes 84
sauce cacao 220
torta caprese 146

café : gâteau roulé chocolat-café 154
moelleux au chocolat 22
moelleux chocolat-betterave 72
red velvet cake 30

cardamome : cake citron-cardamome 148

carotte : carrot cake 24
carrot cake 176
carrot cake à l'orange & aux pistaches 94
cupcakes à la carotte 74
minicakes à la carotte 118

cerise : gâteau à l'amarante, chocolat & cerises griottes 138
gâteau aux cerises & pépites de chocolat 152

cream cheese : biscuit roulé aux mûres 44
carrot cake 24
red velvet cake 30

crème de coco : cheesecake au kiwi & au thé matcha 102
gâteau roulé chocolat-café 154

crème fraîche : cheesecake à la ricotta 62
gâteau au chocolat, banane & sirop d'érable 38

crème légère : carrot cake à l'orange & aux pistaches 94
crème Chantilly 198
cupcakes au chocolat 122
Victoria sponge cake 124

D

datte : cheesecake au kiwi & au thé matcha 102
cheesecake aux myrtilles 46
cheesecake myrtilles & citron vert 88
gâteau chocolat-avocat 98
gâteau roulé chocolat-café 154
glaçage au chocolat fudge 218
mousse chocolat-avocat 210
pâte de dattes 20

E

eau de fleur d'oranger : cakes pomme-amande à la fleur d'oranger 86
petits gâteaux de polenta à la fleur d'oranger 140

eau de rose : cupcakes framboise-pistache à la rose 54
gâteau à la noix de coco & à la rose 50

F

farine de coco : petits cakes chocolat-coco 100

farine de sarrasin : banana cake à la farine de sarrasin 56
bouchées sarrasin-fruits rouges 142
cupcakes au chocolat 122
gâteau à la noix de coco & à la rose 50
petits cakes betterave-cacao 130

figue : cake figue-cannelle 132
fudge cakes chocolat-sarrasin 134
gâteau chocolat-avocat 98

fruit de la Passion : cheesecake mangue-passion 106

fruits rouges : biscuit roulé aux mûres 44
bundt cake aux myrtilles 116
cake framboise-banane 126
cheesecake aux mûres 82
cheesecake aux myrtilles 46
cheesecake myrtilles & citron vert 88
cheesecakes myrtille-citron 96

cupcakes framboise-pistache à la rose 54
financiers à la framboise 90
gâteau aux fruits rouges 58
gâteau myrtille-citron 180
petits gâteaux aux myrtilles & à la pistache 48
red velvet cupcakes 84
Victoria sponge cake 26

G

graines de lin : carrot cake 176
cheesecake myrtilles & citron vert 88

H

huile de coco : cake à la banane, aux dattes & au rhum 40
cake mangue-coco 136
cheesecake au kiwi & au thé matcha 102
cheesecake aux myrtilles 46
cheesecake myrtilles & citron vert 88
cheesecakes myrtille-citron 96
cupcakes à la carotte 74
financiers à la framboise 90
glaçage au chocolat fudge 218
red velvet cupcakes 84

K

kiwi : cheesecake au kiwi & au thé matcha 102

L

lait d'amande : cake framboise-banane 126
financiers à la framboise 90
mousse chocolat-avocat 210
pâte à tartiner chocolat-noisette 206
lait de coco : cakes pomme-amande à la fleur d'oranger 86
cheesecake au kiwi & au thé matcha 102
crème fouettée au lait de coco 196
gâteau à l'amarante, chocolat & cerises griottes 138
glaçage au cajou 202
petits cakes chocolat-coco 100

M

mangue : cake mangue-coco 136
cheesecake mangue-passion 106
curd à la mangue 212
miel : cake miel-cannelle 190

N

nectarine : gâteau renversé aux nectarines 32
noix de coco : biscuit roulé aux mûres 44
cake framboise-banane 126
cake mangue-coco 136
cheesecake au kiwi & au thé matcha 102
cheesecake aux myrtilles 46
cheesecake myrtilles & citron vert 88
minicakes à la carotte 118
petits cakes chocolat-coco 100

O

oléagineux : biscuit roulé aux mûres 44
brassé de noix de cajou 165
bundt cake aux noisettes 76
bundt cake aux myrtilles 116
cake à la banane, aux dattes & au rhum 40
cake au citron, pistaches & miel 28
cake rhubarbe-pistache 52
carrot cake 24
carrot cake à l'orange & aux pistaches 94
cheesecake au kiwi & au thé matcha 102
cheesecake aux myrtilles 46
cheesecake myrtilles & citron vert 88
cheesecakes myrtille-citron 96
cupcakes framboise-pistache à la rose 54
fudge cakes chocolat-sarrasin 134
gâteau à la noix de coco & à la rose 50
gâteau aux amandes 36
gâteau aux poires & aux noix 156
gâteau chocolat-avocat 98
gâteau roulé chocolat-café 154
glaçage au cajou 202
glaçage au chocolat fudge 218
pâte à tartiner chocolat-noisette 206
petits gâteaux aux myrtilles & à la pistache 48
préparer une purée d'oléagineux 68

P

pavot : gâteau de polenta à l'orange & au pavot 92
poire : cake poire-chocolat 60
gâteau aux poires & aux noix 156
polenta : cake à la banane, aux dattes & au rhum 40
gâteau à l'huile d'olive, clémentine & miel 104
gâteau à l'orange 128
gâteau de polenta à l'orange & au pavot 92
petits gâteaux de polenta à la fleur d'oranger 140
pomme : cakes pomme-amande à la fleur d'oranger 86
confiture de fruits rouges à la vanille 208
gâteau aux pommes 120
gâteau aux pommes 170
purée de pommes 16, 18, 164
prune : petits cakes betterave-cacao 130
pruneau : bouchées aux amandes, pruneaux & chocolat 150
bundt cake à la betterave 34
purée d'oléagineux : bouchées aux amandes, pruneaux & chocolat 150
bundt cake aux noisettes 76
glaçage onctueux au cajou 216
moelleux chocolat-betterave 72
préparer une purée d'oléagineux 69

R

rhubarbe : cake rhubarbe-pistache 52
rhum : cake à la banane, aux dattes & au rhum 40
ricotta : cheesecake à la ricotta 62

S

sucre de coco : biscuit roulé aux mûres 44
bouchées sarrasin-fruits rouges 142
cake citron-cardamome 148
carrot cake 24
carrot cake à l'orange & aux pistaches 94
cupcakes au chocolat 122
fudge cakes chocolat-sarrasin 134
gâteau à l'amarante, chocolat & cerises griottes 138
gâteau à la noix de coco & à la rose 50
gâteau au chocolat, banane & sirop d'érable 38
gâteau aux pommes 120
gâteau chocolat-avocat 98
gâteau roulé chocolat-café 154
minicakes à la carotte 118
moelleux au chocolat 22
red velvet cupcakes 84
Victoria sponge cake 26

Y

yaourt nature : cake poire-chocolat 60
minicakes à la carotte 118
moelleux au chocolat 22
red velvet cake 30

remerciements

Un immense merci à mon éditrice, Catie Ziller, qui toujours me donne envie de fournir le meilleur de moi-même. À mon incroyable photographe, Lisa Linder, la meilleure coéquipière que j'aurais pu trouver pour cette aventure, et grâce à qui mes gâteaux ont été sublimés. Un grand merci à Abi Waters et Michelle Tilly pour leur travail éditorial et de graphisme. À mon mari, Salvatore, et à mes enfants, Luca, Andrea et Mario.

à propos de l'auteure

Née en Italie du Sud, d'où elle a hérité sa profonde passion pour la cuisine, Giovanna Torrico est chef pâtissier et traiteur à Londres. Elle a signé des ouvrages *Je sais bien décorer mes gâteaux*, *Assiettes italiennes* et *Cuisiner zéro déchet*.

Ouvrage coréalisé en Grande-Bretagne :
Coordination éditoriale : Catie Ziller
Auteure : Giovanna Torrico
Photographe : Lisa Linder
Mise en page : Michelle Tilly
Responsable projet : Abi Waters

Édition française : Natacha Kotchetkova
Traduction : Sarah Tardy
Mise en pages : Graph'M

58, rue Jean-Bleuzen
92178 Vanves Cedex

Codif : 1083692
ISBN : 978-2-501-14511-4
Dépôt légal : mars 2021
Achevé d'imprimer en Espagne par Estella Graficas en février 2021